MOYENS & CONCLUSIONS

POUR

M. Charles-Henri BELLANGER,

Professeur d'Hydrographie, demeurant à Saint-Brieuc, intimé;

Me GAYET, Avoué;
Me POULAIN CORBION, Avocat;

CONTRE

M. Julien-Louis PRUD'HOMME,

Imprimeur-Libraire, demeurant à Saint-Brieuc, appelant des
Jugements du Tribunal civil de Saint-Brieuc, du 5 décembre
1870 et du 10 janvier 1871;

Me MÉAULLE, Avoué;
Me ROPARTZ, Avocat.

SAINT-BRIEUC

IMPRIMERIE GUYON FRANCISQUE, LIBRAIRE-PAPETIER

RUE SAINT-GILLES, 4

—

1871

MOYENS & CONCLUSIONS

POUR

M. **Charles-Henri BELLANGER**, *Professeur d'hydrographie, demeurant à Saint-Brieuc, intimé;*

Me GAYET, *Avoué;*
Me POULAIN CORBION, *Avocat;*

CONTRE

M. **Julien-Louis PRUD'HOMME**, *Imprimeur-Libraire, demeurant à Saint-Brieuc, appelant des Jugements du Tribunal civil de Saint-Brieuc, du 5 décembre 1870 et du 10 janvier 1871;*

Me MÉAULLE, *Avoué;*
Me ROPARTZ, *Avocat.*

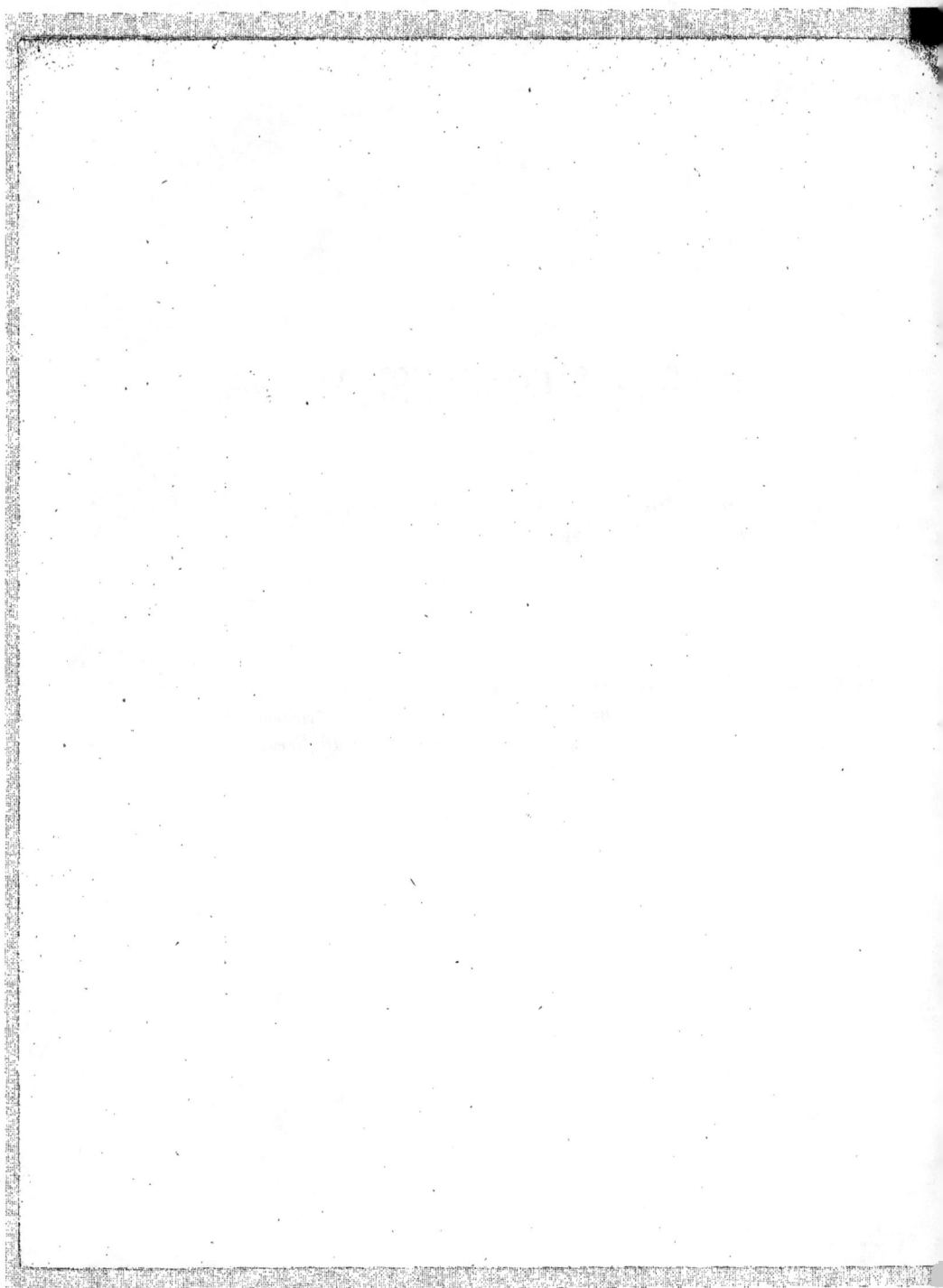

MOYENS & CONCLUSIONS

M. Charles-Henri BELLANGER, *Professeur d'hydrographie,
demeurant à Saint-Brieuc, intimé;*

Mᵉ GAYET, *Avoué;*
Mᶜ POULAIN-CORBION, *Avocat;*

CONTRE

M. Julien-Louis PRUD'HOMME, *Imprimeur-Libraire,
demeurant à Saint-Brieuc, appelant des Jugements du Tribunal
civil de Saint-Brieuc, du 5 décembre 1870 et du 10 janvier
1871;*

Mᵉ MÉAULLE, *Avoué;*
Mᶜ ROPARTZ, *Avocat.*

NOTE PRÉLIMINAIRE.

Voilà la troisième fois que **M.** Prud'homme porte à la Cour d'appel les
contestations existant depuis deux ans entre **M.** Bellanger et lui : jusqu'à
présent quatre décisions de première instance, deux décisions d'appel,
une décision de la Cour de cassation, en tout sept décisions judiciaires
ont été favorables aux prétentions de **M.** Bellanger. La huitième et
(faut-il l'espérer?) dernière sentence, serait, si l'appel de **M.** Pru-
d'homme pouvait réussir, un démenti donné à tous les jugements et
arrêts rendus avec une persistance qui démontre le bon droit de l'intimé.

Le succès du présent appel rendrait illusoires les sept succès précédents de M. Bellanger qui, après avoir eu tous les honneurs de la cause, en verrait, contrairement à toute justice, le bénéfice matériel rester à son adversaire.

Il s'agit pour M. Bellanger, non pas de recueillir le bénéfice de tant de procès déjà gagnés ; il plaide aujourd'hui, non pour faire un lucre, mais pour éviter une perte : *Certat non de lucro faciendo, sea de damno vitando.* Et l'on peut dire avec l'orateur ancien que les chances de cette lutte ne sont pas égales. Si l'appelant perd pour la huitième fois sa cause, il manquera à gagner, il ne conservera pas un gain qu'il a fait à notre détriment ; si l'intimé au contraire perd pour la première fois sa cause, ce n'est pas un bénéfice dont il sera privé, c'est une perte énorme qu'il aura subie sans réparation, malgré que sept fois la justice ait proclamé ses droits désormais hors de conteste.

En présence d'un débat suprême et d'une importance majeure, il lui a paru utile de présenter à la Cour l'exposé complet de cette longue affaire. La première partie de cet exposé comprendra la procédure et les décisions rendues sur la question de contrefaçon ; la seconde partie traitera de la question de préjudice ; et pour procéder avec ordre, une première subdivision rappellera les débuts de la cause et les incidents soulevés par M. Prud'homme en première instance et en appel ; une seconde subdivision, abordant le fond, justifiera le préjudice, et, sous réserve d'appel incident, examinera les deux décisions dont est appel.

PREMIÈRE PARTIE

DE LA QUESTION DE CONTREFAÇON.

———————

1. M. Prud'homme imprimait depuis plus de trente ans pour M. Dubus, professeur d'hydrographie à Saint-Brieuc, la petite publication périodique dite *Ephémérides maritimes* ; M. Prud'homme était en outre, comme éditeur de cette publication, chargé d'en opérer la vente. En plus de ses salaires comme imprimeur, il recevait, à titre d'éditeur, la moitié des bénéfices nets produits par la vente de ce livre. Pour cette entreprise, il y avait, entre M. Dubus et lui, une association sans durée limitée, se renouvelant chaque année, et susceptible, par conséquent, aux termes de l'article 1865 du Code civil, de se dissoudre par *la mort*, d'abord, puis par *la volonté d'un seul des associés*.

2. En janvier 1868, M. Dubus vint à mourir. Il avait, par une simple note, cédé ses droits sur son œuvre à M. Bellanger. Sa veuve, Mme Dubus, investie par la loi de la propriété littéraire de son mari, respecta sa volonté dernière et laissa à M. Bellanger l'œuvre des *Ephémérides*. L'année 1869 avait paru chez M. Prud'homme du vivant de M. Dubus, mais rédigée par M. Bellanger. Celui-ci fit connaitre à M. Prud'homme son intention de s'adresser pour 1870 et les années suivantes à un éditeur dont les conditions fussent plus favorables. M. Prud'homme manifesta la prétention de continuer à faire néanmoins paraître les *Ephémérides* avec un autre rédacteur. M. Bellanger protesta, et après échange de lettres dans le courant de 1868, M. Bellanger traita avec M. Guyon, Francisque, imprimeur-libraire à Saint-Brieuc.

3. Il faut faire observer que l'édition des *Ephémérides* se publie

toujours *une année à l'avance*, afin que les navigateurs puissent s'en munir avant leur départ pour de lointains voyages. — En février 1869 donc, les Ephémérides Dubus de 1870 parurent à la librairie de M. Guyon ; dix jours après des Ephémérides 1870 paraissaient chez M. Prud'homme avec le nom de Dubois au lieu de celui de Dubus. Par ailleurs, elles présentaient le même aspect à l'intérieur et à l'extérieur.

4. Par exploit du 16 mars 1869, Mme Ve Dubus et M. Bellanger, comme parties jointes, assignèrent M. Prud'homme en contrefaçon devant le Tribunal de police correctionnelle de Saint-Brieuc ; assignèrent aussi aux mêmes fins M. Dubois, professeur d'hydrographie à Brest. Le 30 avril 1869, le Tribunal rendit le jugement suivant :

JUGEMENT.

Considérant qu'en mil huit cent trente-six, M. Dubus, professeur d'hydrographie à Saint-Brieuc, composa, sous le nom d'*Ephémérides maritimes*, un manuel destiné à paraître tous les ans et à fournir aux navigateurs les notions astronomiques qui leur sont le plus indispensables ; qu'il chargea Prud'homme de l'exécution typographique de cet ouvrage, et que, pendant trente-trois années, les *Ephémérides maritimes* ont été imprimées dans les ateliers de celui-ci ;

Considérant qu'au mois de janvier mil huit cent soixante-huit, Dubus étant décédé, sa veuve, assistée de Bellanger, à qui elle avait, suivant le désir de son mari, confié le soin de continuer la publication, traita avec un autre imprimeur, Guyon Francisque, et le chargea de mettre sous presse les *Ephémérides* de mil huit cent soixante-dix, qui ont été livrées au public dans les premiers jours de l'année courante ;

Considérant que quelques semaines après parut à l'imprimerie Prud'homme un livre ayant le même titre, le même format, la même apparence extérieure, et renfermant, avec les mêmes dispositions, tout ce qui se trouvait dans l'édition publiée chez Guyon ; que seulement, aux noms de Dubus et de Bellanger, avait été substitué un avis de l'éditeur indiquant que les calculs renfermés dans le manuel étaient l'œuvre du sieur Dubois, professeur d'hydrographie à Brest;

Considérant que c'est dans ces circonstances qu'une poursuite en contrefaçon a été intentée contre les sieurs Prud'homme et Dubois, par la veuve Dubus et par Bellanger;

Considérant que pour repousser l'inculpation dirigée contre eux, les défendeurs n'ont pas sérieusement essayé de contester la similitude existant entre l'ouvrage par eux publié et l'ouvrage imprimé chez Guyon; que le système de défense de Prud'homme a consisté à prétendre : en premier lieu, que les *Ephémérides* étaient une œuvre industrielle composée d'éléments appartenant au domaine public, qu'il avait, aussi bien que Bellanger, le droit de s'approprier; en second lieu, qu'en tous cas, et en admettant même qu'on voulut attribuer à ces *Ephémérides* le caractère d'une propriété littéraire privée, il en était devenu le propriétaire, ou tout au moins le co-propriétaire, par suite de ses arrangements avec M. Dubus;

Considérant, sur le premier moyen, que si les *Ephémérides maritimes* renferment un grand nombre de documents puisés çà et là dans différents ouvrages officiels, et notamment dans la *Connaissance des Temps*, ces documents ont été, par les soins de Dubus, résumés et coordonnés dans des tableaux synoptiques que l'on ne retrouve dans aucun autre recueil, et qui donnent à son œuvre un caractère particulier; qu'il y a ajouté des calculs et des notes explicatives lui appartenant en propre et ayant nécessité de sa part un travail sérieux d'intelligence, en même temps que des connaissances spéciales; que les *Ephémérides* ont donc une personnalité distincte qui en fait une véritable propriété littéraire, et que, dès-lors, les héritiers Dubus ont le droit de se placer sous l'égide de la loi de 1793, pour empêcher que les tiers ne s'emparent illégitimement d'une œuvre qui fait partie de leur patrimoine exclusif;

Considérant, sur le second moyen, qu'après avoir été dans l'origine simplement l'imprimeur salarié du livre de Dubus, Prud'homme en est devenu l'éditeur au mois de juillet mil huit cent trente-neuf; qu'à cette époque, aucun traité écrit ne lui a conféré, soit la propriété entière de l'ouvrage, soit le privilége illimité de l'imprimer à l'avenir; que de simples conventions verbales se renouvelant chaque année avec des modifications successives, sont intervenues entre lui et Dubus à l'effet de régler le chiffre du tirage et la répartition des bénéfices; et que, si en mil huit cent quarante-trois, les parties ont rédigé un acte écrit, cet acte a eu pour but unique d'étendre les conventions adoptées pour mil huit cent quarante-cinq aux années suivantes, sans s'expliquer en rien sur la question de propriété ;

Qu'il n'apparaît donc nullement que Dubus se fut dépouillé, en tout ou en partie, au profit de son éditeur, des droits que lui conférait sa qualité de créateur des *Ephémérides* ; qu'il n'y avait entre lui et Prud'homme qu'une association sans durée limitée, pour la publication et la vente de l'ouvrage, et que son décès a eu pour conséquence nécessaire, en faisant cesser cette association, de remettre de plein droit ses héritiers en possession de la libre disposition des *Ephémérides maritimes* ;

Considérant que c'est en vain que Prud'homme cherche à faire induire l'existence d'une cession régulière de cette considération que les *Ephémérides* étaient un ouvrage périodique, et qu'il n'aurait pas consenti à prendre à sa charge tous les risques de leur publication, s'il n'avait entendu jouir dans l'avenir du monopole exclusif de les éditer ; qu'il est inexact, tout d'abord, qu'il fut exposé seul aux chances de perte, et qu'il suffit de lire l'article 3 du traité de mil huit cent quarante-trois pour se convaincre que Dubus courait au moins autant de risques que lui; qu'en tous cas, s'il voulait s'assurer à jamais le droit de publier les *Ephémérides*, c'était à lui de faire expressément ses stipulations dans ce but, et, qu'en l'absence d'un traité écrit, il est impossible de présumer que par cela seul que l'ouvrage était périodique, Dubus ait entendu se lier vis-à-vis de lui pour tout le temps que les *Ephémérides* rencontreraient des acheteurs ;

Considérant que la conséquence de tout ce qui vient d'être dit est que Prud'homme, après la mort de Dubus, devait cesser la publication des *Ephémérides* ; qu'en ne le faisant pas, il a porté atteinte aux légitimes intérêts de la veuve Dubus et de Bellanger ; que par suite il a matériellement commis la contrefaçon qui lui est reprochée, et qu'il ne reste plus au Tribunal qu'à apprécier s'il est bien fondé à invoquer sa bonne foi pour faire écarter l'application de la loi pénale ;

Considérant qu'il est de principe, en matière de contrefaçon, que la mauvaise foi se présume toujours, une fois le fait matériel établi ; que c'est au contrefacteur qu'il incombe de détruire cette présomption, en démontrant qu'il a agi sans intention de nuire, et dans la conviction sérieuse et réfléchie de son droit ;

Considérant que cette démonstration n'a été nullement faite par le défendeur ; que si Prud'homme devait connaître, mieux que personne, l'existence et la légitimité des droits de Mme Dubus, sa correspondance prouve qu'il n'était nullement fixé sur le véritable caractère des siens; que ne sachant au juste sur quoi baser ses prétentions il se retranchait, vis-à-vis de ses adversaires, derrière les mots vagues d'association, réservant pour les étrangers l'affirmation de son droit de propriété; que dans cette situation, alors qu'il n'avait entre les mains aucun titre de nature à lui servir de point d'appui, la prudence lui prescrivait de s'arrêter devant les avertissements de Bellanger, et de ne pas s'exposer imprudemment aux chances d'une poursuite correctionnelle dont l'issue pouvait tourner contre lui;

Considérant, en conséquence, que des faits ci-dessus énoncés résulte pour le Tribunal la preuve que Prud'homme, imprimeur-libraire, à Saint-Brieuc, s'est rendu coupable du délit de contrefaçon d'une œuvre littéraire, en imprimant et en débitant sans droit le livre des *Ephémérides maritimes* appartenant à la veuve Dubus ;

Considérant toutefois qu'il existe en sa faveur des circonstances atténuantes ;

En ce qui concerne l'inculpation dirigée contre Dubois :

Considérant que celui-ci n'a fait qu'exécuter, moyennant un salaire convenu d'avance, une série de calculs destinés à compléter les cadres empruntés par Prud'homme à l'ouvrage de Dubus; que, pour accomplir ce travail qui rentrait entièrement dans sa spécialité, il ne lui a été nullement nécessaire de s'inspirer de l'œuvre de Bellanger et de commettre un plagiat au détriment de ce dernier ;

Qu'il n'est pas non plus démontré qu'en prêtant son concours au contrefacteur des *Ephémérides*, il sût réellement qu'elle était la position de celui-ci vis-à-vis de Dubus; qu'une lettre qui lui fut écrite par Prud'homme, le vingt-huit avril mil huit cent soixante-huit, avait dû lui donner la conviction que les *Ephémérides* appartenaient concurremment aux deux parties, et que dans cette situation, il pouvait de bonne foi se croire légalement autorisé à accepter la mission et les avantages pécuniaires qui lui étaient offerts ;

Qu'il suit de là qu'il n'y a lieu de le déclarer ni le co-auteur ni le complice du délit commis par Prud'homme ;

Par ces motifs, le Tribunal,

Statuant sur l'action publique,

Vu les articles 485, 486, 487, 489, 463, 52 du Code pénal, 194 du

Code d'instruction criminelle, 3 et 9 de la loi du vingt-deux juillet mil huit cent soixante-sept,

Déclare l'rud'homme, Louis-Julien, coupable du délit de contrefaçon et le condamne à vingt-cinq francs d'amende ;

Prononce la confiscation de l'édition contrefaite, et des planches, moules ou matrices ayant servi à l'exécuter ;

Dit que le produit en sera remis au propriétaire de l'ouvrage, à titre d'indemnité ;

Renvoie Dubois des fins de la citation, sans dépens ;

Statuant sur les dommages-intérêts de la partie civile ;

Considérant que les *Ephémérides maritimes* ne peuvent avoir d'utilité avant le premier janvier mil huit cent soixante-dix ; qu'elles sont de leur nature plus spécialement destinées aux voyages de courte durée, et qu'il n'est pas vraisemblable que les marins auxquels elles servent songent à s'en approvisionner près d'une année à l'avance ;

Considérant que dans ces conditions, la somme de trois mille francs réclamée par la veuve Dubus et Bellanger est évidemment exagérée, et que la somme de deux cents francs, jointe au produit de la confiscation des exemplaires contrefaits, paraît au Tribunal suffisante pour indemniser les parties de tout le préjudice qui a pu ou que pourra leur causer dans l'avenir la contrefaçon commise par Prud'homme ;

Condamne Prud'homme à deux cents francs de dommages-intérêts ;

Fixe à deux mois la durée de la contrainte par corps ;

Déboute la partie civile du surplus de ses fins et conclusions ;

Condamne Prud'homme à tous les dépens, sauf ceux de Dubois qui seront supportés par la veuve Dubus et Bellanger ;

Condamne au surplus la partie civile en tous les dépens envers l'Etat, sauf son recours vers la partie condamnée.

5. M. Prud'homme interjeta appel de cette décision : la cause fut portée à la Chambre des appels de police correctionnelle et après les plaidoiries de Me Ropartz, pour l'appelant, et de Me Poulain-Corbion, pour les intimés, la Cour, à la date du 16 juin 1869, confirma le jugement sauf la disposition relative à la confiscation du matériel d'imprimerie.

ARRÊT,

Considérant en droit que toute œuvre de l'esprit ou de l'intelligence constitue une propriété au profit de son auteur ;

Considérant que c'est une œuvre de l'intelligence que de classer et de disposer dans un ordre méthodique nouveau pour une plus grande commodité ou utilité pratique, des documents scientifiques ou littéraires encore bien qu'ils appartiennent déjà au domaine public, qu'il y a là un travail mental et matériel dont le résultat appartient à celui qui en a eu le premier l'idée et qui l'a mise à exécution ;

Considérant en fait qu'à l'aide : 1° de la *Connaissance des Temps* publiée chaque année par le Bureau des longitudes, 2° des Almanachs nautiques français ou étrangers et 3° des ouvrages spéciaux des astronomes et des calculateurs les plus autorisés, Dubus, professeur d'hydrographie à Saint-Brieuc, a réuni et publié tous les ans, depuis 1836, sous le titre d'*Ephémérides maritimes*, et dans un petit volume in-12, de 120 à 130 pages, en tableaux à colonnes de chiffres, tous les calculs nécessaires à la navigation, et les a mis ainsi à la portée des marins de commerce, après les avoir choisis, extraits et mis en ordre pour leur en faciliter l'usage ; qu'il y a même apporté d'une manière intelligente des réductions et suppressions de centièmes et des modifications de dixièmes qu'il serait dérisoire d'attribuer avec l'intimé, aux ouvriers de son imprimerie, et que Dubus y a ajouté des tables de marées, tables déjà connues mais disposées dans un ordre particulier et dont il a donné l'explication scientifique ;

Considérant qu'un tel ouvrage édité et répandu périodiquement à un assez grand nombre d'exemplaires dans tous les ports de mer, et qui a procuré chaque année à l'auteur et à l'éditeur Prud'homme de beaux bénéfices, était une propriété de Dubus non aliénée par lui et qui fait partie de sa succession recueillie par sa veuve commune en biens et sa légataire universelle ;

Considérant en effet que l'acte d'association du 10 février 1843 et ses annexes de chaque année jusqu'à 1868, non plus que les livres de la participation ne contiennent aucune cession totale ou partielle de cette propriété

2

à l'éditeur qui se charge seulement d'imprimer ce livre à des conditions
déterminées ;

Considérant qu'au mépris des droits de la veuve Dubus qui, aidée
de Bellanger, professeur d'hydrographie, a continué pour 1870 cette
publication parvenue à sa 34e année, comme le porte le frontispice,
Prud'homme, jusque-là éditeur et imprimeur de l'ouvrage de Dubus et se
disant le co-propriétaire et le continuateur de son œuvre, a publié en 1868
pour ladite année de 1870, avec le concours de Dubois, autre ingénieur
hydrographe, un volume de même format, de même disposition typographique, sous le même titre et une couverture de même couleur, spécialement choisie dès l'origine de la publication pour les deuxièmes années non
bissextiles, et avec ses encadrements habituels, en un mot sous le même
aspect extérieur qui pouvait plus facilement tromper l'acheteur ; ledit
volume portant inexactement de la part du nouvel éditeur puisqu'il l'imprimait pour la première fois, en dehors de la coopération de Dubus, la même
indication de 34e année et contenant les mêmes tableaux, en même nombre,
disposés dans le même ordre sans aucun changement essentiel et apparent,
ce qui constitue une contrefaçon évidente ;

Considérant que Prud'homme allègue en vain qu'il n'a fait que reproduire
des tableaux tombés dans le domaine public avant la publication de Dubus
et qu'il ne s'est approprié ni les calculs relatifs aux marées, ni les textes
explicatifs qui seraient l'œuvre de Dubus et de Bellanger ;

Qu'en effet ce qui particularise l'œuvre de Dubus, c'est l'idée qu'il a eu
le premier de rapprocher dans un cadre restreint des éléments qui bien que
se rencontrant dans d'autres ouvrages y sont disposés et agencés d'une
autre manière ; qu'en simplifiant et facilitant ainsi les investigations des
marins par de longues et pénibles recherches, Dubus a donné à son livre
une utilité journalière qui a fait son succès, et que l'ordre particulier et
méthodique par lui adopté lui appartient en propre et ne pouvait être
usurpé sans délit ;

Considérant enfin que pendant plus de 30 ans la propriété de Dubus a
été reconnue et respectée ;

Considérant que dans de telles circonstances il a été fait par le Tribunal
correctionnel de Saint-Brieuc une saine et juste application de la loi pénale
et que les dédommagements pécuniaires alloués aux parties civiles sont une
réparation suffisante du préjudice qu'elles ont pu éprouver ;

Considérant sur une autre partie de leurs conclusions, qu'outre que la confiscation de l'édition contrefaite est une peine accessoire édictée dans un intérêt public et qui n'a pu être requise que par la partie publique non appelante, les parties civiles qui ne l'ont d'ailleurs demandée ni dans leur exploit d'assignation du 10 Mars 1869, ni dans leurs conclusions de première instance sont sans qualité pour en provoquer l'extension ou l'explication en appel ;

Considérant que les premiers juges ont omis de statuer sur la demande de l'insertion dans les journaux de la décision à intervenir, demande reproduite devant la Cour, et qu'il y aurait lieu de réparer cette omission, si cette insertion était jugée nécessaire ;

Mais considérant que cette mesure n'est pas indispensable en ce moment puisque les parties auront le temps d'avertir le public par d'autres voies du gain de leur procès ;

Par ces motifs et adoptant au surplus ceux des premiers juges ;

La Cour,

Statuant tant sur l'appel du prévenu que sur celui des parties civiles ;

Dit bien jugé, mal appelé ;

Met les deux appellations au néant ;

Déclare les appelants sans griefs dans leurs appels respectifs et les en déboute ainsi que de leurs autres demandes, fins et conclusions ;

Confirme le jugement appelé pour avoir son plein et entier effet ;

Décharge toutefois Prud'homme de la confiscation prononcée contre lui quant au matériel d'imprimerie qui lui appartient, mais lui fait défense de s'en servir pour continuer l'impression de l'édition contrefaite ;

Condamne les parties civiles aux frais de la procédure sauf leur recours envers le condamné qui en demeure définitivement chargé et au coût des extraits du présent ;

Et ordonne que le présent arrêt sera exécuté à la diligence de qui de droit.

Ainsi jugé en Cour impériale de Rennes, Chambre des appels de police correctionnelle, le 16 Juin 1869.

6. M. Prud'homme ne se tenant pas pour battu, se pourvut en Cassation le 16 juin 1869, jour de la prononciation de l'arrêt, et par une décision du 27 novembre 1869, rendue sur les conclusions conformes de M. l'avocat-général Bédarride, la Cour suprême rejeta son pourvoi.

La question de contrefaçon était souverainement jugée.

SECONDE PARTIE.

DE LA QUESTION DU PRÉJUDICE.

~~~~~~

PREMIÈRE SUBDIVISION

Des Débuts de la cause et des Incidents soulevés par M. Prud'homme.

----

7. Mᵐᵉ Vᵉ Dubus et M. Bellanger avaient donc gagné leur cause et en première instance, et en appel, et en cassation sur la question de contrefaçon. Mais ils n'avaient pas fait à M. Prud'homme un procès aussi grave pour le facile, mais stérile plaisir de le faire condamner en police correctionnelle par deux juridictions; leur procès n'avait d'autre but que d'empêcher le préjudice énorme qui pouvait résulter pour leur livre de la vente du livre illégal et bâtard publié par l'ancien imprimeur de M. Dubus au mépris de tous les droits et malgré tous les avertissements.

8. L'arrêt de cassation avait été rendu le 29 novembre 1869, à la fin de l'année ; à cette date, l'édition 1870 des Ephémérides Dubus aurait dû être presque entièrement écoulée. Cependant un peu plus du tiers seulement avait été vendu par M. Guyon, le nouvel imprimeur-éditeur : d'où provenait ce déficit, quand il s'agissait d'un livre devenu un besoin et une habitude pour les marins, et dont près de cinq mille exemplaires s'écoulaient périodiquement depuis longues années ? Comment expliquer ce préjudice et à qui l'attribuer ?

9. La réponse à cette question ne se fit pas attendre. Le conseil de Mme Ve Dubus ayant invité M. Prud'homme, qui avait payé les frais, à exécuter la confiscation, reçut de l'honorable avocat de M. Prud'homme une lettre du 11 décembre 1869, ainsi conçue :

> « M. Prud'homme me fait savoir qu'il vient de déposer au
> « greffe du tribunal CE QUI LUI RESTAIT d'exemplaires de l'édi-
> « tion *jugée* contrefaite des Ephémérides maritimes année
> « 1870. »

10. *Ce qui lui restait !..* Ces cinq syllabes expliquaient tout. Donc le contrefacteur, malgré les décisions de justice qui avaient prononcé la confiscation de son livre, avait profité et abusé des délais forcés que ses appel et pourvoi inutiles entraînaient, pour écouler une bonne partie du livre condamné : il avait couronné le délit principal de contrefaçon par une série de délits de débit plus préjudiciables que le premier, et tout en perdant constamment ses procès, il avait eu l'art extrême d'encaisser l'argent. *Ce qui lui restait!..* On comprit alors, et le faible débit de l'œuvre vraie, et surtout, ce qui la menace pour son avenir, la rupture subite des relations avec les libraires qui la vendaient depuis des années et qui, pendant quelques jours, avaient correspondu avec M. Guyon.

11. Ce fait devint plus évident quand on apprit que sur 5,000 exemplaires, M. Prud'homme en avait déposé au greffe 2,227 seulement : les 2,773 autres avaient été vendus pendant le cours du procès. — Pouvait-il dépendre ainsi d'un condamné de profiter des délais suspensifs des recours judiciaires pour rendre illusoires les décisions judiciaires elles-mêmes ?

12. Mme Ve Dubus et M. Bellanger ne le pensèrent pas : et après avoir présenté : enquête à M. le Président du tribunal de Saint-Brieuc, ils assignèrent M. Prud'homme devant le tribunal civil, par exploit du 22 décembre 1869, pour l'audience du 28 décembre, pour s'entendre condamner à leur payer 6,000 fr. de dommages intérêts. Cette action était fondée sur deux motifs : 1° obstacle apporté à la vente de l'édition vraie par la vente de l'édition fausse; — 2° rupture avec les libraires correspondants et notamment avec M. Robiquet, occasionnée par le fait de M. Prud'homme.

INCIDENT.

13. M. Prud'homme fit notifier le 8 Janvier 1870 des conclusions par lesquelles, sans répondre au fond, il soulevait une fin de non recevoir, celle de la chose jugée, et en même temps, excipait de l'incompétence du tribunal civil. A l'audience, l'avocat de M. Prud'homme invoqua un troisième moyen et prétendit que la cause aurait dû être déférée au tribunal de commerce.

A la date du 9 février, le tribunal statua ainsi sur l'incident :

JUGEMENT.

« 1° Sur la fin de non recevoir tirée de l'exception de la chose jugée :

« Considérant que si le procès actuel et le procès correctionnel terminé par l'arrêt de la cour de cassation du 27 novembre 1869, s'agitent entre les mêmes parties, procédant en la même qualité, et ont, l'un et l'autre, pour objet la demande d'un certain chiffre de dommages-intérêts, les deux instances ont une cause essentiellement différente ;

« Que la première avait, en effet, pour objet de faire statuer sur le délit de contrefaçon des Ephémérides maritimes reproché à Prud'homme ; et que la seconde a, au contraire, pour but de faire déclarer que, depuis la première demande, le défendeur a continué à débiter les exemplaires de l'ouvrage litigieux, sans s'arrêter devant les décisions successives qui déclaraient cet ouvrage contrefait ;

« Qu'il s'agit donc aujourd'hui d'une demande entièrement nouvelle, basée sur un articulement de faits auxquels n'ont pu s'étendre les prévisions des premiers juges, et sur lesquels ils n'ont pas eu à statuer puisque ces faits n'étaient pas nés et pouvaient ne pas se produire ;

« 2° Sur l'exception d'incompétence tirée de ce que le débat actuel souleverait des questions d'interprétation et d'exécution de la décision souveraine rendue par la juridiction correctionnelle :

« Considérant, tout d'abord, que les deux principaux éléments de préjudice cotés par la veuve Dubus et Bellanger, comme dérivant des agissements de Prud'homme, sont évidemment en dehors de toute relation avec le jugement de contrefaçon et que la fin de non recevoir invoquée n'a pu être soulevée qu'à propos du troisième et du moins important de ces éléments, la privation pour les demandeurs, des produits de la vente comme papier de rebut des exemplaires débités au mépris de la confiscation ;

« Considérant que, sur ce chef, le système du défendeur consiste à maintenir : En premier lieu, que la disposition du jugement du 30 avril 1869, relative à la confiscation des Ephémérides, nécessitait une interprétation juridique qu'il n'appartenait pas au tribunal civil de donner ;

« En second lieu, qu'en réclamant à Prud'homme le produit des exemplaires contrefaits qui n'ont pu être saisis, la veuve Dubus et Bellanger ne tendent à rien moins qu'à vouloir faire remplacer par une peine pécuniaire la confiscation *in specie* prononcée par la juridiction répressive ; prétention qui, abstraction faite de sa légitimité au fond, constituerait une demande en substitution de peine, de la compétence exclusive des tribunaux correctionnels ;

« Considérant, sur le premier point, que les termes employés par le tribunal pour édicter la confiscation sont d'une clarté qui ne peut donner lieu à aucune équivoque sérieuse ; qu'en se servant, après la loi elle-même, du mot *édition de l'ouvrage contrefait*, les premiers juges n'ont pu vouloir restreindre le sens grammatical et naturel de ce mot ; et que, s'ils avaient eu l'intention de limiter à quelques exemplaires seulement l'application de la pénalité qu'ils prononçaient, ils n'auraient pas fait usage d'une expression signifiant exactement le contraire de leur pensée ;

« Considérant, sur le second point, que si les demandeurs se bornant à établir une différence entre le nombre des exemplaires saisis et le nombre des exemplaires tirés, venaient pour ce seul fait et sans rien articuler contre leur adversaire personnellement, réclamer devant la juridiction civile une indemnité pécuniaire comme équivalent des exemplaires disparus, le tribunal pourrait se poser la question de savoir s'il n'est pas saisi d'une demande de substitution de peine en dehors de sa compétence ; mais que ce n'est pas ainsi que se formule le débat dont l'appréciation lui a été soumise ;

« Considérant, en effet, qu'il est bien articulé par la veuve Dubus et

Bellanger qu'il y a une différence entre le chiffre des exemplaires compris dans le tirage et le chiffre des exemplaires réellement saisis ; mais qu'il est articulé en outre et principalement, que c'est aux agissements de Prud'homme depuis la première instance, que cette différence est due ; que c'est à raison de ces agissements et pour obtenir la réparation du préjudice qu'ils leur ont causé, que les demandeurs formulent leur action en dommages intérêts ;

« Que la question capitale du procès est donc celle de savoir si les agissements prétendus ont réellement eu lieu ; et que cela est si vrai que si le tribunal venait à répondre négativement, il ne pourrait plus aborder l'examen de la question d'indemnité ;

« Qu'il est donc certain que le tribunal est uniquement appelé à statuer sur une demande de dommages intérêts fondée sur l'article 1382 du code Napoléon ; et que c'est à tort que le défendeur a cherché à lui donner un autre caractère ;

« 3° Sur l'exception d'incompétence soulevée dans la plaidoirie de l'avocat du défendeur, et tendant à faire déclarer l'affaire du ressort de la juridiction commerciale ;

« Considérant qu'à un premier point de vue, celui de la qualité des parties en cause, l'exception ne procéderait pas, puisque ni la veuve Dubus, ni Bellanger ne sont commerçants ;

« Qu'elle ne se soutient pas davantage au point de vue de la nature du débat engagé ;

« Qu'en effet, ce qui fait l'objet du litige ce n'est pas l'acte de commerce qu'aurait accompli Prud'homme en vendant à des tiers les exemplaires confisqués des Ephémérides maritimes, c'est l'illégitimité de ce débit par rapport aux demandeurs, et le préjudice qui, suivant ceux-ci, en aurait été la conséquence : c'est, en d'autres termes, un quasi délit commis par Prud'homme ; quasi délit qui a été, selon les parties de Me Gaudin, consommé au moyen de ventes commerciales, mais qui aurait pu l'être de toute autre manière ;

« Par ces motifs ; après avoir entendu à ses précédentes audiences les avoués et avocats des parties en leurs conclusions et plaidoiries respectives, M. Terrier de Laistre, substitut du Procureur Impérial en ses conclusions conformes au présent, et après en avoir délibéré en la chambre du Conseil, conformément à la loi ;

« Le tribunal, statuant en matière ordinaire et en premier ressort,

3

« Déboute le défendeur de toutes ses exceptions et fins de non recevoir;
• Ordonne qu'il sera plaidé au fond ;
« Condamne le défendeur aux dépens de l'incident. »

14. Pour ne pas déroger à ses habitudes, M. Prud'homme interjeta appel de cette décision. Dans l'intervalle, survint un incident dont il essaya encore, mais en vain, de profiter, pour se soustraire par un biais, aux condamnations qui le menaçaient.

Mᵐᵉ Vᵉ Dubus vint à mourir et ses héritiers qui n'avaient aucun intérêt dans la cause, notifièrent à M. Prud'homme et à M. Bellanger qu'ils se désistaient purement et simplement de l'action intentée par leur auteur, renonçant à se prévaloir du jugement rendu contre M. Prud'homme, entendant rester étrangers à cette affaire.

15. Cette notification était du 6 avril 1870. L'audience des plaidoiries fut fixée à la Cour au 30 mai suivant ; et le 25 mai, cinq jours avant les plaidoiries, alors que le temps matériel semblait devoir manquer pour se mettre en garde, M. Prud'homme notifie un écrit de griefs dans lequel, indépendamment des autres moyens et exceptions présentés en première instance, il s'appuyait sur le désistement des héritiers Dubus pour prétendre que Bellanger était désormais sans qualité pour poursuivre la demande. — Et pourtant M. Prud'homme avait devant deux juridictions déjà conclu contre Bellanger ! Il avait vu Mᵐᵉ Dubus, autorisant, par sa présence dans la cause, l'action de Bellanger et lui conférant ses droits !

Cette manœuvre de la dernière heure ne devait pas réussir plus que les autres.

M. Bellanger produisit à la Cour une cession régulière à lui faite un an auparavant par Mᵐᵉ Dubus et des lettres des héritiers qui déclaraient positivement que leur parente avait devant eux exprimé clairement ses intentions et que M. Prud'homme avait travesti les leurs.

16. La cinquième décision de la justice qui était la seconde rendue par la Cour entre les parties, fut cette fois encore favorable à l'intimé. En voici le texte :

ARRÊT.

En ce qui touche la qualité de l'intimé ;

Attendu qu'elle est pleinement justifiée par un acte sous seings privés en date du 8 mai 1869, qui sera enregistré avec le présent arrêt et duquel il appert que la veuve Dubus a cédé sans réserve à Bellanger tous les droits qu'elle tenait de la loi et du testament de son défunt mari, sur l'ouvrage périodique composé par ce dernier et intitulé : *Ephémérides maritimes* ;

Que vainement l'appelant conteste en la forme la régularité de la cession dont il s'agit, et soutient qu'elle aurait dû être réalisée par acte authentique;

Attendu que les lois sur la propriété littéraire n'imposent aux auteurs ou à leurs représentants aucune forme spéciale pour la cession de leurs droits; que cette cession pourrait même résulter d'un accord purement verbal ;

Attendu d'ailleurs que l'appelant n'est ni le créancier, ni l'ayant cause des héritiers de la veuve Dubus ; qu'il n'a aucun titre pour exercer leurs actions, et qu'à ces derniers seuls, il appartiendrait d'attaquer pour vice de forme, s'il y avait lieu, la cession consentie par leur auteur ;

Que loin d'en demander la nullité, ils l'ont au contraire volontairement exécutée et confirmée en pleine connaissance de cause ;

Qu'ils ont, en effet, reconnu dans des déclarations formelles, après le décès de la veuve Dubus, que celle-ci avait transmis au sieur Bellanger l'entière propriété des *Ephémérides maritimes*, et qu'ils n'y pouvaient plus rien prétendre ; qu'ils se sont même retirés de l'instance parce qu'elle concerne la publication d'un ouvrage auquel ils n'ont aucun droit, et parce qu'ils ont voulu rester en dehors d'un débat qui leur est indifférent et dont l'issue intéresse l'intimé seul ;

En ce qui touche l'exception de la chose jugée ;

Attendu qu'on ne saurait l'induire ni du jugement correctionnel de Saint-Brieuc, du 30 avril 1869, ni de l'arrêt confirmatif du 16 juin suivant, lesquels ont déclaré Prud'homme coupable du délit de contrefaçon sur la poursuite de la veuve Dubus et du sieur Bellanger, prononcé la confiscation de l'édition contrefaisante et condamné le contrefacteur en 200 francs de dommages-intérêts envers les parties civiles ;

Que ces condamnations ne s'appliquent qu'aux délits qui servaient de base à la poursuite et déjà accomplis au moment même où elle a été intentée, c'est-à-dire au 10 mars 1869, date de la citation en police correctionnelle ;

Qu'elles comprennent bien, outre le fait même de la confection de l'édition délictueuse, tout débit d'exemplaires antérieur à la poursuite, mais qu'elles ne s'étendent pas au-delà ; qu'elles ne couvrent nullement les faits postérieurs à la citation, c'est-à-dire les divers débits qui ont pu être opérés par le contrefacteur pendant ou après l'instance correctionnelle ;

Que ces nouveaux délits n'ont été ni relevés, ni débattus dans ladite instance ; qu'ils n'y ont fait l'objet d'aucune demande principale ou incidente ;

Que chaque débit constituait, suivant l'article 86 du Code pénal, un délit distinct, portant une nouvelle atteinte aux droits de propriété littéraire de l'intimé et ouvrait à celui-ci une nouvelle action soit correctionnelle, soit simplement civile contre le délinquant ;

Qu'en fait la demande actuelle a pour unique objet la réparation du préjudice que l'appelant aurait causé à l'intimé en continuant à vendre illicitement les exemplaires de la fausse édition ;

Qu'elle impute à Prud'homme d'avoir abusé des délais de l'instance correctionnelle pour écouler les produits de la contrefaçon, non-seulement après la citation du 9 mars 1869 et le jugement du Tribunal de Saint-Brieuc, mais encore après l'arrêt du 16 juin ; que l'intimé articule même que Prud'homme aurait encore vendu, au-dessous des prix-courants, un certain nombre des faux exemplaires, après le rejet de son pourvoi en cassation, dans le but de nuire à l'édition vraie ;

Qu'il est manifeste que ces faits forment de nouveaux griefs qui n'ont pas encore été jugés entre les parties et qu'ils constituent une cause de préjudice dont la réparation n'a pas encore été allouée à l'intimé ;

En ce qui touche le moyen d'incompétence tiré de ce qu'il s'agirait, dans le débat actuel, soit de l'interprétation, soit de l'exécution et même de la modification de l'arrêt du 19 juin ;

Attendu que cet arrêt est parfaitement clair dans ses termes comme dans son esprit ; qu'il ne présente ni ambiguïté ni antinomie ;

Qu'il n'est nullement besoin de l'interpréter, ni surtout de le modifier dans aucune de ses parties, pour la solution du litige ;

Que l'intimé ne demande pas qu'en exécution ou en modification du dispositif de l'arrêt, l'appelant soit condamné à opérer la remise de tous les exemplaires confisqués ou à verser le prix de ceux qui ne seraient pas représentés en nature ;

Que s'il impute à Prud'homme de n'avoir pas déposé au Greffe la totalité des exemplaires provenant du tirage de l'ouvrage délictueux , c'est uniquement pour établir la preuve des débits illicites et l'étendue du préjudice dont il se plaint ;

Que c'est là un des éléments de conviction que les parties pourront débattre avec les autres adminicules et documents de la cause , et dont les Magistrats auront à apprécier la valeur dans le jugement du fond même du litige ;

En ce qui touche le déclinatoire fondé sur le prétendu caractère commercial de la contestation ;

Attendu que l'intimé n'est pas commerçant ; qu'il n'a fait aucun acte de commerce avec l'appelant ; qu'il fonde uniquement son action sur le principe de la responsabilité civile édictée par l'article 1382 du Code Napoléon ; que le préjudice dont il demande la réparation ne dérive ni d'un engagement commercial ni même d'un simple quasi-contrat, qu'il naît de faits vraiment délictueux ;

Que l'appelant ne relève donc de la juridiction consulaire ni par sa qualité personnelle ni par la nature de ses relations avec le sieur Prud'homme;

Par ces motifs,

LA COUR,

Statuant en matière ordinaire ,

Confirme le jugement dont est appel et ordonne qu'il sortira effet ;

Condamne l'appelant à l'amende et aux dépens.

SECONDE SUBDIVISION

Du fond de la cause

§ Ier. — PROCÉDURE ET JUGEMENTS DONT EST APPEL

17. L'incidentvidé par l'arrêt du 6 juin 1870, il fallait bien revenir devant le tribunal pour plaider la cause au fond.

L'ajournement était à la date du 22 décembre 1869 ;

Le demandeur, M. Bellanger, avait notifié des conclusions par acte du 5 janvier 1870 ; il appartenait au défendeur d'y répondre. Il se tut et l'on attendit ; mais, comme il faut une fin à tout, le silence de M. Prud'homme se prolongeant, le demandeur notifia de nouvelles conclusions le 18 novembre 1870.

Par cet acte, il demandait subsidiairement et pour éclairer la religion des magistrats, qu'il plût au tribunal :

> 1° Ordonner la comparution personnelle de M. Prud'homme pour être interrogé sous la foi du serment sur quatre faits cotés aux présentes conclusions.
>
> 2° Ordonner que dans un délai qui sera fixé, M. Prud'homme devra produire un extrait de ses livres certifié conforme par un juge consulaire et contenant le relevé de toutes les opérations qu'il a faites pour l'édition de 1870 des *Ephémérides Maritimes*.

M. Prud'homme ne s'expliqua pas plus sur les conclusions subsidiaires que sur les conclusions principales. La cause fut plaidée par défaut, et le 5 décembre 1870 le tribunal rendit un jugement d'avant faire droit par lequel, sans allouer au demandeur ses conclusions tendant à la délation du serment et à la production de l'extrait des livres du défendeur, il ordonna purement et simplement la comparution personnelle des parties.

JUGEMENT *appelé du 5 décembre 1870.*

Attendu que Prud'homme fait défaut faute de conclure et qu'il y a lieu d'entendre les explications des parties.

Par ces motifs, ouï l'avoué et l'avocat du demandeur, ensemble en ses conclusions, M. Feitu, substitut du procureur de la République, le *Tribunal* donne défaut faute de conclure contre le défendeur et son avoué, et, avant autrement faire droit, ordonne que les parties comparaîtront en personne à l'audience du 3 janvier 1871 :

Dit que le défendeur s'aidera de ses livres pour répondre aux questions qui lui seront posées ;

Dépens réservés.

18. Ce jugement fut levé, notifié à M. Prud'homme qui fut assigné à comparaître devant le tribunal à l'audience du 3 janvier, et ce, par exploit du 19 décembre de Le Vacon, huissier à Saint Brieuc, signifié *en parlant à sa personne.*

19. Le 3 janvier, M. Bellanger se présenta à l'audience, obéissant à une décision de justice qui n'était pas conforme à ses conclusions : le Tribunal attendit en vain M. Prud'homme. Il fallut, cette fois encore, plaider sans contradicteur, et à la date du 10 janvier, le tribunal statua comme il suit sur le fond de la cause :

JUGEMENT *appelé du 10 janvier 1871*

Attendu que Me Loncle, avoué de Prud'homme, ne s'est pas présenté pour conclure au jour fixé pour l'audience ;

Attendu que Prud'homme n'a point obtempéré au jugement du tribunal de Saint-Brieuc en date du 5 décembre 1870 enregistré ordonnant comparution des parties avec faculté pour Prud'homme de présenter ses livres et de s'en aider pour répondre aux questions à poser ;

Attendu qu'en cet état, les faits affirmés par la partie adverse peuvent être tenus pour avérés par argument de l'article 332 du code de procédure civile ;

Attendu d'ailleurs que de l'ensemble de la procédure, des contestations antérieures souverainement jugées entre les mêmes parties, des documents produits au procès actuel et surtout du refus de Prud'homme de comparaître, il résulte à suffire :

Que Prud'homme a livré au commerce l'édition contrefaisante du livre intitulé *Ephémérides maritimes* à l'usage des marins du commerce pour l'année 1870 et que le nombre des exemplaires ainsi livrés indûment à la circulation doit être évalué au nombre de 2,773 ;

Que ce fait a causé au demandeur un double dommage 1° en empêchant le débit d'un nombre égal d'exemplaires de l'édition contrefaite ; 2° en mettant les libraires et commerçants intermédiaires dans la nécessité de propager une production condamnée au préjudice de l'œuvre réelle dont la vente était ainsi entravée chez les marchands les plus accrédités ;

Que ce double préjudice peut être dès à présent apprécié ;

Par ces motifs, le tribunal, ouï l'avoué et l'avocat du demandeur et après en avoir délibéré, statuant en premier ressort,

Donne défaut contre Prud'homme et son avoué faute de conclure et pour le profit condamne Prud'homme à payer à Bellanger la somme de quatre mille francs à titre de dommages-intérêts et à tous les dépens.

C'est de ces jugements du 5 décembre 1870 et du 10 janvier 1871 que M. Prud'homme a interjeté appel.

§ 2. — DISCUSSION.

20. Nous avons à justifier la demande de 6,000 fr. portée devant les premiers juges et le préjudice, au moins abutable à ce chiffre, occasionné à M. Bellanger par la faute de M. Prud'homme (1382, Code civ.)

Ce préjudice se compose de trois éléments divers et bien distincts.

Premier Elément de préjudice.

17. Celui que nous cotons ici est véritablement insignifiant : cependant il est réel, et il doit être pris en considération, car la loi elle-même n'a pas dédaigné d'en faire état. La loi! l'article 429 du Code pénal prescrit en effet que « le produit des confiscations.... sera remis au propriétaire pour l'indemniser d'autant du préjudice qu'il aura souffert.... » Or la confiscation de l'édition Prud'homme ayant été prononcée, les 5,000 exemplaires qui composaient cette édition étaient, quant à leur valeur brute, notre chose et un à valoir à notre indemnité. M. Prud'homme n'en a déposé au Greffe que 2,227 : il nous a donc privé de la valeur, comme papier, des 2,773 qui manquent, et nous avons d'autant plus le droit de poser cette valeur en ligne de compte que le Tribunal, dans son premier jugement du 30 avril 1869 s'en était lui-même préoccupé puis-qu'il disait « que la somme de 200 fr. *jointe au produit de la confiscation des exemplaires confisqués était suffisante pour indemniser.* » Si le Tribunal confisquait, M. Prud'homme a trouvé utile à sa bourse de *confisquer* à son profit la chose *confisquée* au nôtre, et de continuer sa vente à l'aise malgré des décisions judiciaires qui le lui défendaient. Il nous a causé, au point de vue de la valeur matérielle de la chose, un préjudice qui n'atteint pas cent francs, car son papier n'est pas une œuvre d'art, et nous n'en parlons que pour mémoire et pour nous maintenir dans la lettre tant de l'article 429 du Code pénal que du premier jugement lui-même.

Deuxième Elément de préjudice.

L'OBSTACLE APPORTÉ A LA VENTE DE L'ÉDITION VRAIE.

18. Le deuxième élément de préjudice causé par le débit de la plus grande moitié de l'édition bâtarde et délictueuse est autrement impor-tant. Il s'agit de l'empêchement de vendre, et de vendre quoi ? l'édition vraie, l'édition proclamée légitime par trois décisions de justice.

19. Pour justifier, il faut démontrer d'abord que M. Prud'homme a soustrait à la confiscation la majeure partie de l'édition des *Ephémérides de 1870*. Est-ce une tâche difficile?

Il existe aux pièces communiquées une note écrite par M. Prud'homme lui-même et de laquelle il résulte

Que pour 1860, on avait tiré.............	6,556	exemplaires.
— 1861.....	6,356	—
— 1862.......................	6,056	—
— 1863..,....................	6,056	—
— 1864.......................	5,556	—
— 1865.......................	5,056	—
— 1866.......................	5,056	=
— 1867.......................	5,556	—
— 1868.......................	5,056	—

. Et dans une lettre du 17 février 1868 jointe aux pièces, M. Prud'homme écrivait à M. Bellanger, alors qu'il s'agissait de jeter les bases de l'édition 1870 : « Les modifications successives de cette publication nous ont amenés à imprimer 5,052 exemplaires.... » Et enfin lorsque M. Prud'homme fait, suivant la loi, son dépôt à la Préfecture pour 1870, il annonce un tirage de *5,000 exemplaires*. Donc M. Bellanger est bien fondé à dire : Vous avez tiré 5,000 exemplaires; voilà votre édition.

20. Mais il restait encore une ressource à M. Prud'homme : faire la preuve contraire, qui est de droit. Et non seulement il pouvait, il devait prendre, comme tout plaideur loyal, l'initiative de cette preuve ; mais on a fait pour lui ce qu'on n'aurait pas fait peut-être pour tout autre plaideur. On lui a tendu la main, on lui a servi la planche, et le demandeur a pris les devants, et le tribunal a accueilli cette ouverture, et on a dit : Eh bien ! nous avons toutes les preuves possibles que l'édition 1870 a été tirée comme les autres à 5,000 exemplaires, mais enfin, voyons : montrez vos livres et prouvez le contraire ! affirmez par serment le contraire, je vous le demande, je vous y invite par mes conclusions notifiées le 29 juillet 1870. — Que dire de mieux à un homme que de lui offrir de s'en rapporter à son serment, sa foi ! à ses livres de commerce, un miroir ! M. Prud'homme n'a pas répondu !

21. Le Tribunal ayant encore plus de laisser aller que le demandeur, n'a même pas exigé de M. Prud'homme la garantie religieuse du serment ; il a ordonné sa comparution personnelle, son *interrogatoire sans serment*, en l'invitant à *s'aider de ses livres pour répondre aux questions qui lui seront posées*. Et quel est l'homme, quel est le plaideur ayant gros de franchise comme un grain de senevé, qui, en présence de cet appel géminé fait à sa religion, à sa loyauté, à son honneur commercial, ne fût arrivé bien vite et n'eût dit avec le poëte :

Me, me ! adsum qui feci !

22. Et M. Prud'homme, cinq fois condamné déjà, a préféré subir piteusement par défaut une sixième condamnation, plutôt que de répondre à la demande franche et carrée de son adversaire, plutôt que de répondre à l'invitation si bienveillante de la justice, plutôt que de dire, le front haut, devant ses juges : Oui, j'ai tiré 5,000 exemplaires, et si je dois, je paierai, et voilà l'argent !

23. L'argent, quand on l'a encaissé, même au mépris des lois et des jugements, est dur à rendre ; il faut pourtant bien tôt ou tard *restituere ablatum*. Et nous avons à notre service ce terrible et inéluctable argument : « Vous avez imprimé une édition de 5,000 exemplaires, votre avocat » écrit le 11 décembre 1869 que vous avez déposé au greffe CE QUI » VOUS RESTAIT ! ! ! ! Vous n'effacerez pas les délits qui sont constatés » par ces trois mots : CE QUI RESTAIT !.. » Donc, vous avez vendu partie d'une édition confisquée, déclarée par justice la chose d'autrui et à Saint-Brieuc, et à Rennes, et à Paris : donc l'argent que vous avez reçu, c'était notre chose, et quand on vous dit tout cela qui est si clair et si vrai pour toute âme honnête, vous gardez le silence du dédain ! Quel rôle !

24. L'édition étant de 5,000 exemplaires, et le dépôt au greffe de 2,227, il faut en conclure que le contrefacteur en a vendu 2,773; le prix de vente des exemplaires achetés directement à la librairie est de 1 fr. 50 ; le prix de vente aux intermédiaires est de 1 fr. 10 ; total : 3,050 fr. 30 encaissés par le contrefacteur par la vente de l'œuvre condamnée !

25. Il y a une objection et on l'aborde. Qu'importe, dira-t-on que le contrefacteur ait vendu, si cela ne vous a pas empêché de vendre ? Qu'importe qu'il ait profité, si vous n'avez rien perdu? L'objection serait sérieuse si elle ne s'appuyait sur une majeure, sans fondement : *solvatur !*

L'œuvre des *Ephémérides* n'est pas, comme tout autre ouvrage scientifique ou littéraire, illimitée dans son écoulement. Un traité d'arithmétique, s'il est bon; un recueil de poésies, s'il a quelque valeur ; un livre d'histoire, s'il est sérieux, pourra toujours se vendre ; et, si un ouvrage de ce genre vient à être contrefait, l'écoulement de l'édition *contrefaisante* n'empêchera pas ou empêchera peu l'écoulement de l'édition *contrefaite*. Il n'en est pas de même des *Ephémérides*. La vente de ce petit ouvrage périodique, de ce véritable almanach nautique est limitée:

1° Par sa spécialité. Un avocat, un commerçant, un poëte, un homme du monde n'achèteront point ces effrayantes colonnes de chiffres ; qu'en feraient-ils ? Il est destiné aux navigateurs, et, parmi eux, aux capitaines au long cours, aux maîtres au cabotage, et le nombre de ces acheteurs est restreint et ne s'augmente guère.

2° Par le temps. Un livre historique , littéraire , poétique se vendra toujours : Homère se débite encore et Racine est immortel. Mais un almanach ! et surtout un almanach nautique ! Une fois l'année 1870 passée, que feraient les marins du livre qui indique la hauteur des marées et les phases de la lune pour cette année qui n'est plus ? Un savant pourra en faire collection pour se rémémorer ces choses d'un autre temps : mais un homme pratique n'en a que faire.

26. Et M. Prud'homme l'avait bien compris. Editeur de l'œuvre de M. Dubus (mais pas à perpétuité), il avait, depuis des années, fixé à 5,000 exemplaires, d'après les ventes, l'importance des tirages : c'était la limite normale. Et ce qui le prouve, c'est qu'à la date des conclusions de première instance, l'édition Dubus 1870, LA VRAIE, avait vendu 1,750 exemplaires, 300 environ ont été écoulés depuis, soit 2,050 ; ajoutez-y les 2,773 exemplaires qui manquent au dépôt fait au greffe, vous arrivez à 4,823 exemplaires vendus !

Pourquoi notre vente a-t-elle été aussi restreinte en 1869 ? Est-ce que le livre de M. Dubus n'est pas resté le même ? Est-ce que le nombre des navigateurs a diminué de moitié ? Remplacez ce qui nous manque par ce qui manque au greffe, et dites que ce n'est pas ces 2,773 exemplaires absents qui ont remplacé, dans les poches des marins, un nombre égal d'exemplaires de l'édition légitime !

Elle était bien prévoyante cette disposition de l'art. 4 de la loi du 19 juillet 1793 en vertu de laquelle tout contrefacteur était tenu de payer au légitime propriétaire une somme équivalente au prix de 3,000 exemplaires de l'édition originale ; mais elle est plus sage encore, la loi qui, en abrogeant cette disposition, a permis aux magistrats d'apprécier l'étendue des dommages et intérêts, car il arrive souvent, et notamment dans l'espèce, que le préjudice s'élève bien plus haut.

Troisième Elément de préjudice

LA RUPTURE DES RELATIONS AVEC M. ROBIQUET ET LES AUTRES LIBRAIRES

27. Les manœuvres que nous allons signaler atteignent l'entreprise industrielle des *Ephémérides* non-seulement dans le présent, mais encore et surtout dans son avenir. C'est avec raison que le jugement appelé constate et maintient que le fait de la vente par M. Prud'homme a causé à M. Bellanger un double dommage : « 1° en empêchant le débit d'un » nombre égal d'exemplaires de l'édition contrefaite ; 2° *en mettant les* » *libraires et commerçants intermédiaires dans la nécessité de propager* » *une production condamnée au préjudice de l'œuvre réelle dont la* » *vente était ainsi entravée chez les marchands les plus accrédités.* »

Tout en constatant cet élément de préjudice relatif à la rupture des relations avec les libraires, le Tribunal ne semble pas avoir suffisamment aperçu son importance pour l'avenir. Elle ressortira des développements qui vont être donnés à cette partie si délicate et si grave de la cause.

1° Entente avec l'éditeur Robiquet.

28. Pour l'intelligence de ce qui va suivre, il faut remonter à l'origine de l'affaire et il importe de faire remarquer que toutes les pièces qui vont être citées sont en original au dossier et ont été l'objet de communications régulières et en première instance et en appel.

En janvier et février 1868, M. Bellanger s'occupait un peu tardivement, par suite de la maladie de M. Dubus (décédé le 28 janvier 1868) de préparer l'édition 1869 des *Ephémérides* à l'imprimerie Prud'homme. M. Prud'homme était pressé, et on le comprend, d'avoir le plus tôt possible de la copie afin de paraître de bonne heure. Il adressa donc à M. Bellanger, le 5 février 1868, une lettre chargée par laquelle il le pressait de ne pas différer davantage sous peine d'assignation ; il y parlait de M. Dubus, son *honorable associé* :

> « J'ignore quels engagements vous avez pu prendre avec M. Dubus, *mon honorable associé*; mais ce retard de quinze jours m'est extrêmement préjudiciable ainsi qu'à Madame Dubus. ... »

En répondant le 6 février, aussi par lettre chargée, M. Bellanger disait :

> « ....J'ai l'honneur de représenter M. Dubus, de si regrettable mémoire; à ce titre, j'aurai plus tard à examiner avec vous les caractères de l'association dont vous me parlez dans votre lettre chargée du 5 février. »

Quelques jours après, M. Bellanger recevait la lettre suivante :

Saint-Brieuc, 8 février 1868.

« Monsieur,

» Par votre lettre chargée datée du 6 février qui m'est parvenue hier, vous me faites connaître que vous n'êtes plus seulement le délégué de M. Dubus malade pour la publication des *Ephémérides 1869*, mais que vous avez l'honneur de représenter M. Dubus, défunt, pour la rédaction des *Ephémérides* à venir.

» Vous comprendrez sans peine le grand intérêt que j'ai à connaître l'acte de cession que vous a consenti cet homme de si regrettable mémoire, et vous m'obligeriez beaucoup en me faisant tenir une copie certifiée de l'acte en question.

» J'ai l'honneur d'être, Monsieur, votre très-humble serviteur.

» *Signé :* L. Prud'homme. »

M. Bellanger s'expédia immédiatement, mais il demanda la récipro-
cité. Il écrivit le 11 février :

> « Monsieur,

> » Je vous envoie copie certifiée par moi de l'écrit que feu M. Dubus a
> bien voulu me donner pour me céder la continuation des *Ephémérides
> maritimes*, d'après la demande que vous m'avez faite par votre lettre char-
> gée en date du 8 février 1868.

> » J'ose espérer que par réciprocité, vous voudrez bien me donner une
> copie de l'acte qui vous liait avec mon très-honorable et très-regretté pré-
> décesseur pour la publication de cet excellent ouvrage. Si vous n'aviez avec
> M. Dubus que des conventions verbales, je serais heureux que vous vou-
> lussiez bien me les affirmer par écrit et par lettre chargée......

> » Je suis, Monsieur, avec un profond respect, votre très-obéissant
> serviteur.

> » *Signé* : C.-H. BELLANGER. »

29. C'était le moment pour M. Prud'homme de répondre à M. Bellanger, comme il devait l'écrire, le dire et faire plaider plus tard avec un
acharnement digne d'un meilleur sort : « Mais, le livre est à moi ! J'en
suis le maître et propriétaire et M. Dubus était uniquement mon salarié.»
Que répond M. Prud'homme ? Sa lettre du 17 février a une importance
majeure aux débats ; la voici *in-extenso* :

> Saint-Brieuc, le 17 février 1868.

> « Monsieur,

> » Je vous remercie des renseignements contenus dans votre lettre du
> 11 de ce mois à laquelle une absence et une indisposition m'ont empêché
> de répondre plus tôt.

> » Comme j'ai eu l'honneur de vous le dire, l'*association* formée entre
> M. Dubus et moi pour la publication des *Ephémérides* n'était garantie par
> aucun traité authentique, mais simplement par des promesses verbales
> échangées entre nous le 18 juillet 1839, promesses dont M. Dubus lui-
> même prit l'initiative.

> » Les modifications successives de cette publication nous ont amenés à

imprimer 5,052 exemplaires dont 52 étaient remis à l'auteur pour envoyer à MM. les Professeurs d'hydrographie ; 875 exemplaires couvrent les prix des deux premiers mille ; 25 exemplaires pour chaque cent tiré en sus ; le surplus vendu à mi-profit, à raison de 12 fr. les 13/12 ; la vente et les recouvrements à ma charge.

» Quoique rien ne presse absolument, *l'année 1869 étant au compte de M. Dubus*, je vous saurai gré de me faire connaître le plus tôt possible *si votre intention est de continuer l'association*......................

» J'ai l'honneur d'être, Monsieur, votre très humble serviteur.

« *Signé* : L. PRUD'HOMME. »

30. Ainsi, d'après M. Prud'homme, il n'y avait entre lui et M. Dubus qu'une association verbale à durée illimitée, c'est-à-dire résiliable par la mort ou par la simple volonté des parties ; et M. Prud'homme demandait à M. Bellanger : *Votre intention est-elle de continuer l'association ?* — M. Bellanger trouvait les conditions de M. Prud'homme peu avantageuses ; M. Guyon lui en fit de plus favorables. Il traita avec ce libraire, c'était son droit ; et une fois le traité souscrit, M. Bellanger et M. Guyon s'occupèrent de la question de vente et se mirent en relations avec M. Robiquet, éditeur d'ouvrages maritimes, acheteur de quantités considérables des *Ephémérides Dubus* et, on peut le dire, centralisateur de cet ouvrage. M. Bellanger fit même à cet effet le voyage de Paris, et l'accord s'était fait, lorsque M. Prud'homme, se donnant à lui-même un démenti qui ne sera pas le dernier, faillit le troubler.

31. A la date du 18 juin 1868 en effet, M. Guyon recevait de M. Robiquet la lettre suivante :

« Monsieur,

» M. Bellanger s'est présenté chez moi et m'a dit que les *Ephémérides* seraient maintenant imprimées par vous ; il m'a demandé si j'étais disposé à en être le dépositaire comme par le passé ; j'ai répondu que je ne demandais pas mieux, mais qu'avant de m'engager, je désirais régler avec M. Prud'homme. C'est alors que M. Bellanger a ajouté qu'il croyait que M. Prud'homme continuerait la publication avec la collaboration de M. Dubois, mais qu'à *lui seul appartenait le titre de l'ouvrage et le nom de M. Dubus.*

» Vous comprendrez, Monsieur, que sans mettre en doute les allégations de M. Bellanger, je désirerais qu'elles fussent confirmées par M. Prud'homme. Celui-ci prétend au contraire que le *titre des Ephémérides avec leur cachet lui appartient*, *que M. Dubus n'en était que le rédacteur moyennant une somme de... ......*, et qu'il allait continuer cette publication sans y rien changer que le nom de l'auteur.

» Il vous sera aisé de comprendre, Monsieur, qu'il me serait difficile, quant à présent, de prendre aucun engagement; j'attendrai donc que les prétentions de chacun au titre de cet ouvrage soient fixées par le résultat du procès auquel elles vont donner lieu.

» Quant au *Triangle*, je regrette que vous ne m'ayez pas écrit avant de l'annoncer, car je désirais réunir les deux affaires dans un même engagement.

» Recevez, Monsieur, les salutations de votre serviteur.

» ROBIQUET. »

Ainsi M. Prud'homme qui écrivait à Bellanger : *Je suis associé, voulez-vous continuer?* écrivait à M. Robiquet : Je suis propriétaire, l'œuvre est à moi! Trompant ainsi Bellanger, s'il était réellement propriétaire : ou trompant Robiquet, s'il n'était qu'associé! C'est cette étrange contradiction que le jugement du tribunal de Saint-Brieuc du 30 avril 1869 flétrissait dans le passage suivant :

« Considérant... que si Prud'homme devait connaître mieux que personne, l'existence et la légitimité des droits de Mme Dubus, sa correspondance prouve qu'il n'était nullement fixé sur le véritable caractère des siens ; que ne sachant au juste sur quoi baser ses prétentions, *il se retranchait vis-à-vis de ses adversaires, derrière les mots vagues d'association, réservant pour les étrangers l'affirmation de son droit de propriété.* »

On sent dans cette rédaction du jugement comme un courant d'indignation qui passe dans des âmes honnêtes !

A la réception de cette lettre de M. Robiquet, c'était le moment de faire statuer par justice sur la propriété des *Ephémérides*. Le conseil consulté par M. Bellanger ne le crut pas opportun : Pourquoi? parce que la réputation de l'homme qui tenait pourtant un langage si varié ne lui permettait pas de penser que ce langage fût vraiment sérieux. Le conseil consulté dit à Bellanger : vos droits sont incontestables, marchez,

5

on ne fera rien, on n'en a pas le droit ! — Le conseil de Bellanger eut
tort. Il eut tort, car sa longue pratique des affaires et des hommes eût
dû lui enseigner qu'il ne faut pas fléchir devant les réputations ; il en
est tant d'usurpées ! Il eut tort, car la question eût été jugée avant
qu'aucune contrefaçon eût été tentée : et alors si, en présence d'une
opiniâtreté dont les annales de la chicane offrent peu d'exemples, Bellanger n'eût pas évité quand même tous les procès procéduriers qu'on
lui a fait, que de dépenses ! que de frais ! que de préjudice de toute
espèce eussent été épargnés! et nous ne viendrions pas aujourd'hui devant
la Cour, demander comme devant le Tribunal, la réparation de tant de
pertes !

32. Mais M. Bellanger, suivant l'avis de son conseil, au lieu d'attaquer
et de faire juger, se contenta de prévenir par sa lettre du 19 juin 1868
ainsi conçue :

« Monsieur,

« Ayant acquis la conviction qu'aucune convention n'existait entre vous
et M. Dubus pour la publication des Ephémérides 1869 , et cela, malgré la
lettre chargée en date du 5 février par laquelle vous avez commencé nos
relations mutuelles, j'ai l'honneur de vous prier de vouloir bien mettre à
ma disposition l'édition entière de cet ouvrage et le compte des exemplaires
que vous avez déjà expédiés. Je tiens à votre disposition le prix de votre
travail d'imprimeur.

« Je profite de cette occasion pour vous prévenir que toute publication
analogue aux Ephémérides *qui leur ressemblerait de manière à pouvoir
induire l'acheteur en erreur, serait considérée par moi comme une contrefaçon et poursuivie comme telle.*

« Agréez, etc.,

« Signé : C. H. BELLANGER. »

33. M. Prud'homme ne répondit pas; le conseil de M. Bellanger écrivit
alors à M. Prud'homme dans le même sens, et celui-ci lui répondit le
4 Juillet :

« Monsieur,

« Je n'ai jamais énoncé la prétention de tenir M. Bellanger lié indéfini-

ment à moi pour la publication des Ephémérides. Je lui ai simplement fait
connaître que déférant à l'intention exprimée par M. Dubus, j'étais tout
disposé à continuer avec lui aux mêmes conditions.

« Il m'a fait attendre longtemps sa réponse et cette réponse a été un
refus formel. C'était son droit; le mien, c'était de chercher ailleurs le
secours qu'il me refusait, ce que j'ai fait.

« Agréez, etc.,

« Signé : L. PRUD'HOMME. »

34. Le conseil de M. Bellanger ne pouvait laisser passer sans protester
l'énonciation de la prétention de M. Prud'homme : c'est ce qu'il fit
avec toutes les convenances et tous les égards dus à un adversaire
dans la lettre suivante :

« Monsieur et honoré compatriote,

« J'ai l'honneur de vous accuser réception de votre lettre d'hier de laquelle il résulte que nous sommes parfaitement d'accord sur le point principal de la difficulté qui semblait exister entre M. Bellanger et vous, à
savoir qu'il n'y a pas de lien de droit qui le force de continuer à faire imprimer chez vous les Ephémérides maritimes.

En conséquence, rien ne s'oppose désormais à ce que vous mettiez immédiatement à sa disposition l'édition entière de cet ouvrage pour 1869 et
le compte des exemplaires que vous avez déjà expédiés. Aux termes de sa
lettre du 19 juin, M. Bellanger tient à votre disposition le prix de votre travail. — Ce réglement réciproque, conséquence du principe que vous ad-
mettez tous les deux, mettra fin à toute difficulté actuelle.

« Quant à l'intention que vous manifestez de publier des Ephémérides
avec le concours d'un tiers, je ne puis, vous le comprendrez, que maintenir la réserve faite par mon client dans sa lettre du 19 juin précitée et qui
a pour base la propriété littéraire de cette œuvre toute personnelle.

« Dans l'attente de vous lire sur la question du réglement, je vous prie,
Monsieur et honoré compatriote, d'agréer la nouvelle assurance de mes
sentiments respectueux et dévoués,

« Signé : J.-M. POULAIN CORBION. »

Cette lettre ne fut pas suivie de réponse.

Le 18 octobre suivant, le même conseil fit une nouvelle tentative près de M. Prud'homme pour obtenir un réglement et maintint en même temps les réserves de sa lettre du 5 juillet ; il n'eût pas l'avantage de lire en retour une lettre quelconque de M. Prud'homme. Le silence persista, et M. Bellanger, confiant en son bon droit, fit l'édition 1870, la remit à M. Guyon, son nouvel éditeur, chez qui elle parut dans les premiers jours de février 1869.

2° Commencement de relations avec l'éditeur Robiquet.

35. L'œuvre ayant paru, M. Guyon en expédia un certain nombre d'exemplaires à M. Robiquet dont la correspondance suivante fait connaître combien l'intervention était utile, pour ne pas dire indispensable, à l'écoulement des Ephémérides Dubus.

Paris, 11 février 1869.

Monsieur Guyon, Francisque, Imprimeur, à Saint-Brieuc.

Je viens de recevoir par grande vitesse, un premier envoi de cent Ephémérides pour 1870, vous pouvez me compléter 40 douzaines en m'expédiant 120 exemplaires par la *petite vitesse*, mais sans retard, car il est probable que j'aurai expédié le premier cent dans quelques jours.

« Mes conventions avec M. Prud'homme *étaient de six mois de terme sans compter* celui d'achat; ainsi, les envois que vous m'aurez faits en février et que j'aurai reçus dans le même mois, seront payables fin août. J'ai souvent dérogé à ces conditions avec M. Prud'homme, parce qu'il laissait grossir la somme jusqu'à 2 et 3,000 fr., mais je préfère régler plus souvent et dans les conditions stipulées plus haut.

« Il est bien entendu que chaque douzaine est formée de 13 exemplaires suivant l'usage de la librairie.

« Recevez, Monsieur, mes salutations empressées.

« ROBIQUET,

« 6. quai des Orfèvres. »

« *P. S.* — Est-ce avec vous, ou avec M. Bellanger que le compte sera établi ? »

36. D'après cette lettre, c'est une affaire entendue; M. Robiquet, non seulement reçoit, mais demande, et quand il parle de M. Prud'homme,

c'est au passé : *mes conventions* ÉTAIENT ! Et cela ne chôme pas. Il demande un nouvel envoi le 20 février , il écrit encore le 21 , et cette dernière lettre est significative.

Paris, le 21 février 1860.

« Monsieur Guyon Francisque ,

« Je reçois votre lettre du 20 courant, en même temps je pense que vous recevez la mienne de la même date. Je regrette que vous ayez fait l'envoi du complément de ma première demande , à cause de la modification que ma lettre vous porte , mais puisque cela est fait, veuillez considérer ma lettre du 20 comme nulle *et tenir prêts 5 à 600 exemplaires que je vous demanderai bientôt* ; il faut du reste en avoir toujours un nombre de brochés afin de ne pas apporter de retard dans vos envois.

« Les 40 douzaines dont vous m'envoyez le complément montent à 480 fr. ou 473 fr. déduction faite de 7 fr.

« Lorsque je fais des demandes par grande vitesse , c'est de quelques douzaines seulement en attendant l'envoi par *petite vitesse*.

« Je vous remettrai le réglement en mon billet à 6 mois , comme j'ai l'habitude de le faire avec M. Prud'homme.

« Recevez, Monsieur, mes salutations empressées,

« ROBIQUET. »

Ainsi , il invite M. Guyon à tenir prêts *cinq à six cents exemplaires qu'il lui demandera bientôt !*

3° Cessation des relations avec l'éditeur Robiquet.

37. Mais l'œuvre contrefaisante, aujourd'hui condamnée et confisquée, paraît au 1er mars chez M. Prud'homme. M. Robiquet ne demande pas les cinq à six cents exemplaires que, suivant ses ordres, M. Guyon avait tenus prêts. Silence du côté de Paris ! M. Guyon prend les devants, et rappelle que, d'après un conseil donné par M. Robiquet lui-même, il a fait une circulaire pour prémunir les correspondants contre les contrefacteurs.

Voici la lettre et la circulaire :

ÉPHÉMÉRIDES MARITIMES DUBUS POUR 1870.

M. Bellanger, professeur d'hydrographie à Saint-Brieuc , a l'honneur de prévenir MM. les Dépositaires des *Ephémérides maritimes* (DUBUS) qu'il a seul reçu l'autorisation d'en continuer la publication et qu'il est dans l'intention de poursuivre en contrefaçon les ouvrages similaires qui en adopteraient le titre, la disposition, les tables constantes ou les explications, conformément aux lois sur la propriété littéraire.

Les *Ephémérides* pour 1870 paraîtront dans la première semaine de février.

4 Mars 1869.

· Monsieur Robiquet, à Paris.

« Des Ephémérides publiées par M. Prud'homme viennent de paraître. C'est la reproduction exacte des Ephémérides Dubus, rien n'y manque. M. Bellanger, seul donataire, vous le savez, va agir immédiatement contre M. Prud'homme.

« Mais, une chose me surprend dans cette affaire, c'est de voir, au dos de la couverture, figurer votre nom comme dépositaire. Franchement, j'avais pensé, et je pense encore, qu'ayant accepté de représenter celui que vous saviez hétitier des Ephémérides Dubus, vous ne pouviez vous charger de la vente d'ouvrages semblables en tous points, ni même de publications pouvant nuire à la vente des Ephémérides Dubus.

« Et voici l'une des causes qui me fait persister encore dans cette croyance ; c'est que vous avez donné, par l'intermédiaire de M. . . . . . , un excellent conseil à M. Bellanger, dont il doit vous savoir grand gré assurément, d'envoyer à tous les libraires qui s'occupent de cette vente, une circulaire leur annonçant que toute contrefaçon sera poursuivie. J'ai donc immédiatement fait imprimer ladite circulaire, nous vous l'avons adressée et vous avez eu la complaisance de la faire parvenir à tous les libraires en rapport avec vous.

« C'était une preuve évidente que vous vous attachiez à notre publication et que vous repousseriez toute concurrence.

« Nous avons donc pensé , mais à ce moment seulement, car nous n'avions de vous aucun engagement , que vous vous chargiez de notre ouvrage, et nous vous considérons comme notre représentant. Je crois donc que c'est sans vous avoir consulté que l'on a fait figurer votre nom sur la couverture des Ephémérides Prud'homme.

« Voudriez-vous me renseigner à ce sujet ?

« Comme vous m'y avez engagé, je tiens toujours brochés un certain nombre de volumes. Les 500 ou 600 exemplaires que vous me disiez de vous tenir prêts sont à votre disposition.

« La publication de cet ouvrage m'a mis en rapport avec beaucoup de marins et l'on me demande des cartes. Vous en éditez, je crois, et même en concurrence avec celles de la marine. Si vous le voulez, je me chargerai volontiers d'un dépôt et je vous promets tout mon concours; inutile de vous dire, qu'en vous le demandant, je m'engage à n'accepter aucun autre dépôt pouvant nuire à la vente de vos cartes. Vous voudrez bien aussi me fixer pour cette affaire.

« En attendant le plaisir de vous lire le plus tôt possible,

« Recevez, Monsieur, mes saluts empressés,

« Guyon, Francisque. »

38. M. Robiquet est bien prévenu, bien averti, bien invité à continuer les relations commencées : silence complet ! Le procès se fait en première instance : deux mois se passent, le jugement de police correctionnelle est rendu le 30 avril. Si M. Prud'homme a plus de créance auprès de M. Robiquet que M. Bellanger, on peut espérer que du moins les juges auront plus de créance que M. Prud'homme. M. Guyon écrit donc le 30 avril à M. Robiquet pour lui faire connaître la décision de la justice et continuer les relations.

30 avril 1860.

« Monsieur Robiquet,

« M. Bellanger, mon associé, me communique une lettre de M. Borzone Giovanni, de Gênes, lui demandant les conditions pour Ephémérides et Triangles de réduction.

« J'ai répondu à M. Bellanger ce que j'ai eu l'honneur de vous dire déjà plusieurs fois. Je désirerais vous voir dépositaire de ces ouvrages et vous traiteriez avec l'étranger et les libraires de France, trop éloignés de Saint-Brieuc.

« Je dois vous annoncer que le tribunal correctionnel vient de déclarer M. Prud'homme coupable de la contrefaçon qui lui était reprochée par Mme Dubus et M. Bellanger. Les Ephémérides appartiennent donc bien à M. Bellanger, et tous les exemplaires vont être confisqués.

« Je comprends votre silence jusqu'à ce jour ; M. Prud'homme vous avait certifié sa propriété de l'ouvrage ; de mon côté je vous assurais que M. Bellanger en était seul propriétaire (je n'avais traité avec lui qu'à cette condition).

« Maintenant que nous connaissons le dénouement de cette affaire, consentez-vous à vous charger de nos Éphémérides avec engagement de ne faire la vente d'aucun autre ouvrage pouvant faire concurrence à celui-ci ? Dans le cas de l'affirmative, vous seriez seul dépositaire pour Paris et l'étranger. Nous nous réserverions les ports environnant Saint-Brieuc, le reste serait exploité par vous.

« Dans l'espoir, Monsieur, que vous voudrez bien m'honorer d'une prompte réponse, veuillez agréer mes saluts empressés.

« Guyon, Francisque. »

« Avez-vous bientôt épuisé les Éphémérides que je vous ai déjà expédiées, il y a quelque temps. »

39. Le silence persiste toujours, et l'œuvre vraie ne se vend pas. On est en appel. Survient le 16 juin l'arrêt de Rennes confirmatif. On le fait connaître à M. Robiquet par l'exploit suivant :

L'an mil huit cent soixante-neuf et le vingt-six juin.

Je soussigné Aubin-Jules Demonchy, aîné, huissier près le tribunal civil de la Seine séant à Paris, y demeurant, rue Monge, n° 119.

Requis de 1° M. Charles-Henri Bellanger, professeur d'hydrographie ; 2° M. Guyon Francisque, imprimeur-libraire, les deux demeurant à Saint-Brieuc, co-intéressés.

Ai à M. Robiquet, éditeur-hydrographe, demeurant à Paris, quai des orfèvres, n° 6, *où étant et parlant à une femme à son service*, notifié et dénoncé que par jugement du tribunal de police correctionnelle de St-Brieuc en date du 30 avril dernier confirmé par arrêt de la Cour Impériale de Rennes du seize juin courant, M. Prud'homme, imprimeur-libraire à Saint-Brieuc a été condamné comme coupable de contrefaçon des Éphémérides maritimes pour l'année 1870 ; en conséquence à même requête, j'ai fait défense formelle audit Robiquet de débiter dorénavant les exemplaires de l'ouvrage contrefaisant dont il est dépositaire ; sous peine d'être poursuivi conformément à la loi, réservant tous droits de mes réquérants pour les exemplaires débités depuis le jugement de première instance ; et attendu que le même M. Robiquet qui a demandé en février dernier cinq cents exemplaires de l'ouvrage contrefait et n'a pas voulu s'en livrer malgré les instances qui lui ont été faites; que prévenu de la poursuite en contrefaçon et du jugement de première instance , il s'est permis d'envoyer l'ouvrage contrefaisant aux libraires qui demandaient les Ephémérides , et sur leur insistance pour avoir le livre de M. Dubus, a déclaré à l'un d'eux au moins qu'il ne l'avait pas à sa disposition ;

Attendu que ledit Robiquet a ainsi causé à mes réquérants sciemment et volontairement un préjudice considérable,

J'ai fait les réserves les plus expresses de lui demander ultérieurement tels dommages intérêts qu'il sera vu appartenir.

Dont acte ;

Et je lui ai, à domicile et parlant comme dessus laissé copie du présent.

Coût : Cinq francs sauf autres dûs.

DEMONCHY.

35. M. Robiquet répond cette fois avec une ironie qui prouve, comme tant d'autres faits de cette cause, que les décisions de la justice sont bien peu de chose pour certains hommes qui croient leur personnalité au-dessus de tout. M. Robiquet pense que ce résultat détruit *quant à présent toute concurrence* (il se trompait). M. Robiquet, légiste avocat de M. Prud'homme, commente le jugement et l'arrêt en disant : « Vous paraissez croire à un privilège ; prenez garde de vous tromper. » Enfin, M. Robiquet, qui fait de si tristes prophéties à M. Guyon sur la concurrence possible, s'amuse à la fin de sa lettre, à tourner et retourner le poignard dans la plaie, en faisant remarquer combien son abstention, à lui, Robiquet, fera tort dans l'avenir aux Ephémérides Dubus. Il nous invite charitablement, rien de plus gràcieux ! *A faire notre tirage en conséquence !*

Merci ! car c'est un puissant argument pour nous ! car c'est la preuve du tort immense que nous cause la rupture des relations avec cet acheteur centralisateur. Et qui l'a occasionnée, cette rupture ? La vente obstinée faite par l'appelant et par l'intermédiaire du même Robiquet, la vente faite malgré les jugements et arrêts, ces délits continuels de débit d'une œuvre condamnée !

Voici du reste la lettre tout entière :

6

Paris, le 29 juin 1869.

« Monsieur,

« Pour le réglement des 40 douzaines d'Ephémérides que vous m'avez
expédiées en février dernier et dont le montant s'élève à 473 fr. déduction
faite d'une part de port, vous pouvez disposer sur moi au 28 août prochain.

« Je reçois à l'instant votre imprimé, qui fait connaître le jugement du
tribunal de Saint-Brieuc en faveur de M. Bellanger contre M Prud'homme,
jugement confirmé par la cour de Rennes le 16 courant.

« *Je vous félicite, Monsieur, de ce résultat qui détruit, quant à présent,
toute concurrence à vos Ephémérides*; je regrette toutefois que vous ayez
cru être en droit de mettre au-dessous de vos nouvelles conditions de vente
que M. Robiquet *cesserait d'être dépositaire* des Ephémérides, cela prête
aux interprétations, aux pourquoi, etc. J'ajouterai que je n'ai jamais été
dépositaire par aucun marché ni envers M. Prud'homme, ni envers vous.
J'ai toujours *été acheteur*, à ma condition spéciale établie en raison de la
quantité qui m'était livrée, veuillez donc rayer mon nom de vos prospectus.

« D'après votre prospectus, vous paraissez croire à un privilège dont vous
voulez profiter pour être le seul vendeur des Ephémérides; prenez garde
de *vous tromper*. Vous savez fort bien que c'est un extrait de la Connaissance des temps qui peut être présenté sous différentes formes avec des
titres que l'on peut varier autant de fois qu'on voudra; si on ne l'a pas fait
jusqu'à présent, c'est qu'on avait des raisons qui n'existent plus, JE VOUS
EN PRÉVIENS POUR VOTRE GOUVERNE.

Ce n'est pas pour me faire valoir, MAIS JE SUIS CONVAINCU QUE SUR LES
TROIS MILLE ENVIRON QUE J'EXPÉDIAIS DE CE LIVRE, il vous en sera demandé
LES DEUX TIERS *mais pas plus*. Ce sera donc, avec les deux autres mille
que M. Prud'homme vendait à divers et qui vous reviendront, une vente
de *quatre mille*, ce sera à VOUS DE FAIRE VOTRE TIRAGE EN CONSÉQUENCE *et
de conserver le mobile pour le cas où je me tromperais.*

« Veuillez, Monsieur, agréer AVEC MES REGRETS mes salutations
empressées.

« ROBIQUET. »

36. On va pouvoir apprécier en effet par les quelques documents que
l'intimé a pu se procurer les difficultés, les obstacles, les entraves ap-
portées à la vente de l'édition Dubus. Qu'en conclure? C'est qu'on vendait l'autre. Si en effet, M. Prud'homme, d'une part, à partir du jugement qui confisqua, si M. Robiquet, d'autre part, à dater au moins de

la sommation qui lui avait été faite, avaient obéi à justice en cessant d'écouler l'œuvre falsifiée, que fut-il advenu? L'œuvre vraie eut suivi son cours ordinaire; les marins en ayant besoin, l'auraient demandée aux libraires, les libraires se seraient adressés soit à M. Robiquet, soit à M. Guyon, nous n'aurions éprouvé qu'un préjudice peu sensible et nous ne serions pas en droit de faire le procès que nous faisons actuellement.

37. Dès l'apparition de l'édition condamnée, l'édition vraie est, pour ainsi dire, mise à l'index par les correspondants de M. Prud'homme. Le 10 mars 1869, M. Charles, libraire à Lorient, fait à M. Robiquet une demande d'ouvrages et notamment de 26/24 *Ephémérides maritimes* 1870; il ne les qualifie pas autrement. Que devait penser l'agent de M. Prud'homme? que le libraire Charles, qui, depuis des années, vend les Ephémérides Dubus, veut, cette fois encore, des Ephémérides Dubus et non un livre nouveau et inconnu. Cependant Robiquet adresse à M. Charles 26/24 Ephémérides Prud'homme. M. Charles, qui ne connaît pas cette édition, renvoie ses livres à M. Robiquet : et celui-ci, plutôt que de lui retourner 26/24 exemplaires de l'édition vraie, préfère le créditer des 28 fr. 10, et dans une facture du 24 mai, il lui déclare qu'il *n'a pas les Ephémérides Dubus pour le moment !...* Il préfère ne rien vendre plutôt que de vendre l'édition vraie !

38. Était-elle exacte, cette allégation de M. Robiquet? Non, car c'est en mars que M. Charles lui renvoie les exemplaires Prud'homme, et en avril, ainsi qu'il résulte d'une facture à la date du 27 de ce mois, M. Robiquet était nanti d'exemplaires Dubus, puisqu'il en adressait six à M. Giuseppe Pezzolo, à Camogli. Et cet envoi, qui démontre que M. Robiquet avait notre édition, a été fait par lui par suite d'un malentendu qui prouve que, dans cette circonstance, Robiquet avait agi comme moralement contraint et forcé.

39. M. Giuseppe Pezzolo, capitaine au long cours à Camogli, avait reçu de M. Bellanger, dix Triangles de réduction, et comme il croyait M. Bellanger en compte avec M. Robiquet, il adressa à M. Robiquet 10 fr. pour le compte de M. Bellanger, sans autre explication. M. Robiquet, recevant les 10 fr., supposa que c'était pour des Ephémérides : il en adressa six, et des Ephémérides Dubus, ne pouvant faire autrement

puisque le mandat était au nom de M. Bellanger. Donc, le 27 avril, il
était détenteur d'Ephémérides Dubus. Pourquoi donc en refusait-il à
M. Charles ? — La preuve de ces faits est au dossier et a été communi-
quée à l'adversaire.

4° Difficultés pour l'écoulement de l'édition vraie à partir de l'arrêt de Rennes.

40. La rupture avec M. Robiquet étant définitive, M. Guyon, éditeur des
Ephémérides Dubus, est obligé de s'adresser à un autre centralisateur.
Et à quelle date? en juillet 1869, c'est-à-dire, au milieu de la campagne,
au plus fort de la vente, après six mois depuis la publication du livre,
à un moment où, depuis six mois, l'ancien centralisateur de l'édition
Dubus, M. Robiquet, vendait à tout venant l'œuvre condamnée. M. Arthus
Bertrand, éditeur avec lequel M. Guyon finit par s'entendre, lui écrivait
le 24 juillet 1869 :

> « Dès le 10 de ce mois, je me suis occupé déjà de vos Ephémérides.
> J'en ai écrit à mes correspondants pour leur annoncer que vous en aviez
> confié à moi seul la vente, les priant donc de s'adresser à moi Plusieurs
> m'ont répondu, et leur réponse est identique : ou bien ils les reçoivent
> directement de vous qui les leur envoyez franco, *ou bien ils continuent* (ET
> ILS SONT EN POSSESSION DE CELLES DE 1870) *à s'adresser à Prud'homme*, avec
> qui, disent-ils, ils sont en relations depuis fort longtemps. *Et comme ils
> sont munis de celles de 1870, voilà une* CONCURRENCE *qui va nous faire
> grand tort au moins pour 1870.*

41. Coïncidence étrange! Ces deux libraires, Robiquet, dans sa lettre
ironique du 27 Juin 1869, et Arthus Bertrand, dans celle qu'il écrit un
mois après, se trouvent d'accord pour attester le préjudice que l'édition
Dubus va subir par suite de l'édition Prud'homme ! Et cette lettre du
24 juillet constate encore, qu'après le 10 juillet, après, par conséquent,
les jugement et arrêt qui avaient prononcé la confiscation, des libraires
*s'adressaient à M. Prud'homme; étaient en possession de l'édition con-
damnée*, et la débitaient, puisqu'ils refusaient l'édition vraie. Sans
doute, ces libraires, sauf M. Robiquet, pouvaient ignorer la contrefaçon,
la confiscation : mais le contrefacteur lui-même qui continuait, avec

une persévérance si coupable, à écouler les produits de son délit, pouvait-il ignorer qu'à chaque nouvelle vente, il commettait le délit prévu par l'article 426 du code pénal : LE DÉBIT *d'ouvrages contrefaits* ? Pouvait-il ignorer, lui qui avait vendu légitimement ce livre pendant **30 ans**, lui qui savait que la vente était essentiellement limitée par la qualité spéciale des acheteurs et par le caractère périodique du livre, pouvait-il ignorer que chaque exemplaire vendu par lui était un exemplaire de moins vendu par nous ?

Et quelques mois après, en décembre 1869, après l'arrêt de cassation, après le dépôt au greffe des 2,227 exemplaires QUI RESTAIENT, le même M. Arthus Bertrand écrit à M. Guyon :

> « *Notre concurrent vend toujours des autres et je ne vois pas comment vous pourrez empêcher cette vente* CLANDESTINE. »

Et en février 1870, M. Robiquet vendait toujours ; une personne entre chez lui le 14 février, lui achète quatre exemplaires Prud'homme et lui en demande la facture signée de lui qui est aux pièces et qui est la preuve d'un délit : et cette même personne fait constater par deux témoins que l'affiche suivante était, le 28 février 1870, placée à l'intérieur de la vitrine de Robiquet :

ÉPHÉMÉRIDES MARITIMES, à l'usage des marins du commerce,
par Dubois, 1 fr. 50. — Imp. Renou et Maulde.

42. M. Bellanger signala, mais inutilement, au Parquet de la Seine cet étalage impudent de délits prévus et repris par la loi : on vendait en effet et on affichait à vendre un livre déclaré contrefait par un Tribunal et une Cour d'appel, et cela, après avis, après notification d'arrêt, après défense formelle. On eût pu penser, que, dans l'intérêt de la loi audacieusement violée, par respect pour les décisions de la justice dont on se jouait impunément, le Parquet eût agi : il avait alors bien d'autres choses à faire ! Restait l'article 1382 du Code civil, restait l'article 1145 du même Code ; Bellanger est venu les invoquer devant le Tribunal, et après les incidents soulevés par son adversaire et dont bonne justice a été faite, le Tribunal lui a alloué 4,000 fr. de dommages-intérêts par le jugement dont est appel.

Ces preuves surabondantes de la continuation de la vente sont-elles les seules? Non, et en novembre 1869, pour écouler l'œuvre confisquée, pour empêcher l'écoulement de l'œuvre vraie, on vendait en Italie à prix réduit.

43. Le 8 décembre 1869, M. Bellanger recevait la lettre suivante dont nous donnons texte et traduction :

Negozio di carta ed oggetti per cancelleria

BORZONE GIOVANNI

Piazza delle Cinque Lampadi, N° 40.

Sign. Bellanger,

L'averto che su questa piazza vi soni molt-Effemeridi 1870 le quali si vendono ha basso presso ; credo che siano di quelle di Robicuet *forse sotratte alla confisca*. Con temo assai per le mie ultime avute di non poter venderle tanto presto come credeva. Le sudette diferiscono dalle sue per la carta, e poi di dietro non hanno Arthus Bertrand, ma ben si Robicuet come le antiche. *Tutto questo per sua norma.* Mentre ho il bene di riverirlo, et le sono et saro sempre.

BORZONE Giovanni.

Genova, 30 nov. 1869.

Magasin de papier et d'objets de bureau.

JEAN BORZONE

Place des Cinq Lampes, N° 40.

Monsieur Bellanger,

Je vous avertis que sur cette place il y a beaucoup d'Ephémérides qui se vendent à bas prix. Je crois que ce sont celles de Robiquet *probablement soustraites à la confiscation.* C'est pourquoi je crains assez pour les dernières qui me sont arrivées de ne pouvoir les vendre aussi promptement que je le croyais. Les susdites diffèrent des vôtres par le papier et parce qu'au dos il n'y a pas Arthus Bertrand, mais bien Robiquet comme les anciennes. *Tout cela pour votre gouverne.* J'ai voulu vous montrer mon désir de vous être agréable, et je suis et serai toujours,

Jean BORZONE.

Gênes, 30 novembre 1869.

44. *Tout cela pour notre gouverne !* Mais que pouvait faire M. Bellanger pour la sauvegarde de ses intérêts qu'il n'ait fait avec diligence ! Il obtient un jugement, il obtient un arrêt, la justice lui donne raison, et malgré cela, on vend l'édition condamnée. Il avertit M. Robiquet par lettre, il lui fait sommation, et l'on vend. Il s'adresse au Parquet, car il s'agissait de délits, et l'on continue à vendre. Et la preuve, c'est que sur 5,000 exemplaires de l'édition condamnée, on en apporte 2,227 seulement au Greffe et on l'avoue en disant : C'EST CE QUI RESTE ! Et la preuve encore, c'est que, pendant que l'édition condamnée s'étale

partout, toutes les voies se ferment devant l'édition vraie, et ce n'est qu'au bout de six mois que nous trouvons un centralisateur qui, tout en acceptant nos relations, nous écrit : *Voilà une concurrence qui va nous faire grand tort!* Et la preuve enfin, c'est le défaut laissé par l'appelant en première instance lorsqu'un jugement d'avant faire droit lui ordonne de comparaître pour répondre, *à l'aide de ses livres,* aux questions qui lui seront posées !

45. Ah ! dans la plaidoirie de première instance sur l'incident pour M. Prud'homme, on fit à M. Bellanger un singulier reproche. On lui dit : Mais pourquoi n'avez-vous pas confisqué vous-même, requis le Commissaire de police de se présenter chez M. Prud'homme et d'y saisir les exemplaires de l'œuvre que vous prétendiez contrefaite? Pourquoi? Est-ce que pour agir ainsi, il ne nous aurait pas fallu un acte exécutoire? Est-ce que l'appel n'est pas suspensif? Est-ce que, si nous l'avions essayé, vous n'auriez pas opposé, peut-être avec raison cette fois, les mille moyens que l'esprit de chicane a opposés à tort jusqu'à présent à nos conclusions? Est-ce que, d'ailleurs, dès que la condamnation a été définitive, nous ne vous avons pas écrit d'exécuter, et ne nous avez-vous pas fait répondre : J'ai déposé CE QUI ME RESTAIT !

Plaignez-vous donc de notre excès de confiance dans une délicatesse dont vous avez manqué ; plaignez-vous donc parce que nous avons pu croire à votre respect pour la chose litigieuse ; plaignez-vous, parce que nous n'avons pas osé supposer que vous n'useriez des délais forcés de tant de recours inutiles que pour annihiler autant qu'il était en vous l'effet des décisions de justice, et pouvoir dire, après tant de procès gagnés par nous : Tout est perdu, fors la caisse !

DES CONCLUSIONS PRISES EN PREMIÈRE INSTANCE.

46. La demande de 6,000 fr. de dommages-intérèts par M. Bellanger s'appuyait sur des ventes de livres confisqués faites par M. Prud'homme à ses risques et périls depuis le commencement du procès en contre-façon, et principalement sur la rupture, si nuisible à l'entreprise, des relations commencées avec l'éditeur Robiquet, rupture occasionnée directement par le fait délictueux de M. Prud'homme. La preuve incon-

testable de ces ventes, cause de tant de préjudice, résulte soit de
l'inexécution de la confiscation par M. Prud'homme, soit des nombreux
documents produits au cours de l'instance. Cependant pour qu'il ne pût
rester aucun doute dans l'esprit du Tribunal, M. Bellanger articula
quelques faits précis, et ne craignit pas, dans ses conclusions du 29
juillet 1870, de faire appel à la bonne foi de son adversaire, de puiser
ses preuves dans ses livres eux-mêmes dont il demandait, non pas
l'apport, ce qui eût été contraire aux prescriptions du Code de commerce,
mais un extrait relatif aux *Ephémérides* certifié conforme par le juge
consulaire. Le silence le plus profond accueillit cette ouverture. Quatre
mois après, le 18 novembre 1870, M. Bellanger insista dans de nouvelles
conclusions dans lesquelles il articulait les quatre faits suivants :

1º Il a été tiré 5,000 exemplaires de l'édition 1870, condamnée ;

2º Vers la fin de juin 1869, alors que l'arrêt de Rennes était rendu,
M. Prud'homme alla à Paris, et en arrivant, il fit expédier à son agent
Robiquet un ballot de 1,200 exemplaires des *Ephémérides* ;

3º En octobre 1869, M. Prud'homme a fait expédier par la poste à
M. Galles, libraire à Vannes, un nombre qu'on ne peut préciser d'*Ephémérides* ;

4º En décembre 1869 ou en janvier 1870, il a vendu à un sieur Bois
et à un sieur Léonardi un exemplaire à chacun de l'édition confisquée ;

Et il concluait à ce qu'il plût au Tribunal : Ordonner, tant la comparution personnelle de M. Prud'homme pour être interrogé sous la foi du
serment sur ces quatre faits, que la production d'un extrait de ses livres.

Ce n'était pas l'interrogatoire sur faits et articles que demandait
M. Bellanger; c'était le serment décisoire qu'il déférait aux termes des
articles 1358 du Code civil et 120 et 121 du Code de procédure.

Le Tribunal ordonna purement et simplement la comparution des
parties, sans astreindre M. Prud'homme à la prestation de serment. Mais
le jugement du 5 décembre 1870, dont M. Prud'homme a fait appel, dit
*que le défendeur s'aidera de ses livres pour répondre aux questions qui
lui seront posées.*

Ce dispositif fait suffisamment connaître la pensée du Tribunal : il
préjuge le fond et il permet de qualifier le jugement rendu le 5 décembre,

lequel est véritablement interlocutoire, aux termes de l'article 452, § 2, du Code de procédure civile. Quoiqu'il en soit, M. Prud'homme n'exécuta pas ce jugement, et le Tribunal, statuant définitivement le 10 janvier, s'appuya spécialement sur son refus de comparaître pour tenir pour avérés les faits articulés, par argument de l'article 332 du Code de procédure civile. Il est bien évident, en effet, que, puisqu'on laissait M. Prud'homme juge dans sa propre cause, puisqu'on s'en rapportait à ses réponses verbales et aux énonciations de ses livres, son silence était une réponse suffisante, et jamais circonstance n'a permis de mieux appliquer l'adage : *Qui tacet, consentire videtur*.

D'ailleurs, tout était dores et déjà prouvé, en dehors de cette confession tacite de l'appelant. Et jamais, dans une cause, la *faute* et le *préjudice*, ces deux sources réunies de dommages et intérêts, n'ont été mieux démontrées.

RÉSUMÉ

47. Nous abritons cette cause sous les dispositions de l'article 1382 du Code civil.

La Faute : Elle résulte des ventes continuées incessamment par M. Prud'homme nonobstant la confiscation prononcée de l'édition contrefaite. Elle est prouvée tant par l'absence au Greffe de 2,773 exemplaires de l'édition contrefaite, ce. qui restait (aux termes de la lettre de l'honorable conseil de M. Prud'homme), que par les nombreuses lettres produites et par les articulements si précis auxquels l'appelant n'a pas voulu contredire.

Le Préjudice : Il résulte de la nature limitée, quant à la vente, de la publication périodique litigieuse, dont un nombre d'exemplaires à peu près égal à celui qui manque au Greffe n'a pu être vendu en 1869 et 1870; il résulte surtout de cette rupture, forcée par les manœuvres de l'appelant, des relations commerciales avec M. Robiquet, et par suite avec la plupart des libraires des différents ports maritimes qui, depuis des années, aidaient à l'écoulement du livre de M. Dubus. Il est prouvé par les documents produits et notamment par cette lettre de M. Robiquet, du 27 juin 1869, qui l'expose si ironiquement pour le présent et pour l'avenir.

Le préjudice pour l'*avenir !* M. Prud'homme qui n'a pu, pour 1871, recommencer à publier exactement et identiquement les *Ephémérides maritimes*, a édité en 1870 l'édition 1871 d'un livre analogue, intitulé *Ephémérides* astronomiques, ayant le même but, le même cadre, les mêmes renseignements nautiques que le livre de M. Dubus ; est-ce une nouvelle contrefaçon moins patente, moins évidente, mais aussi nuisible que la première ? L'intimé ne le prétend pas : la concurrence est permise, et les *imitateurs* que le poëte appelait *servum pecus* ne sont souvent que de timides et honteux contrefacteurs sur qui la loi n'a pas de prise.

Quoi qu'il en soit, la vente continuée par M. Prud'homme en 1869 et au commencement de 1870 de l'édition contrefaite des *Ephémérides Dubus* a eu pour effet, et sans doute elle avait pour but, de conserver les relations avec les libraires maritimes qui avaient vendu pendant des années le livre de M. Dubus. Les *Ephémérides astronomiques* font donc concurrence aux *Ephémérides maritimes* : c'est peut-être seulement l'exercice d'un droit. Mais cette concurrence se fait à l'aide des mêmes commerçants qui, depuis vingt ans et plus, étaient les dépositaires et les vendeurs de l'œuvre légitime : et ces commerçants, dont le concours n'est plus acquis aux *Ephémérides maritimes,* n'ont été perdus pour cette entreprise que grâce à la vente illégitime de l'édition contrefaite qui s'est effectuée par leur intermédiaire. C'est ce qui explique les doléances des correspondants de M. Guyon, leurs craintes pour la publication, et notamment cette lettre que l'un d'eux adressait de Gênes, le 18 juillet 1870 :

Gênes, ce 18 juillet 1870.

« *Monsieur Guyon Francisque, libraire-éditeur, à Saint-Brieuc.*

» J'ai reçu par la poste les derniers 39/36 *Ephémérides* que vous m'avez expédiés d'après ma demande. A Gênes, il y a *beaucoup de marchands qui ont l'autre édition*, et moi je m'efforce à faire connaître aux étudiants de marine et aux capitaines marins que la vraie édition est la continuation de l'ancienne édition. mais *il faudrait pouvoir les vendre plus à bon marché*, et pour cela *je viens vous proposer* d'en faire un dépôt chez moi, en me faisant le meilleur prix possible, et en vous reprenant à la fin de l'année les copies invendues. En faisant, surtout pour les premières années un prix *exceptionnel*, on est *sûr de ne pouvoir craindre concurrence*.

» Si vous avez quelque autre ouvrage, relativement à la marine, veuillez m'en donner note avec le prix.

» J'attends une réponse de votre complaisance.

» Votre dévoué,

» Jean GRAVIER. »

48. Si, après tout ce qui a été jugé dans cette interminable affaire, il était possible que le jugement de Saint-Brieuc qui condamne M. Prud'homme à 4,000 fr. de dommages-intérêts fut infirmé ; il faudrait dire hélas ! que la justice n'est pas une chose sérieuse. Quoi ! sept décisions ont, jusqu'à présent, proclamé notre droit ! Toutes les juridictions ont décidé qu'on avait contrefait notre œuvre, usurpé notre propriété; qu'on nous a, sans raison, promené d'incidents en incidents! Et après tant de pertes occasionnées par des faits qualifiés délits, après tant de frais, de dépenses, d'embarras et de sollicitudes pour la défense de nos droits, nous ne sortirions même pas indemne à l'issue de ces tristes débats! Il faudrait rayer du Code l'article 1382 qui n'est que l'expression du droit et de l'équité ; il faudrait admettre que les décisions de la justice sont de vains mots, qu'on peut impunément fouler aux pieds; qu'un homme, s'il est opiniâtre, sera plus puissant que la loi, et que, perdant l'honneur de la cause, il en conservera tranquillement l'argent !

M. Bellanger, plein de confiance dans la troisième décision demandée à la Cour, conclut à la confirmation du jugement sous réserve d'appel incident.

Rennes, le 16 Mai 1871.

A. GAYET, *Avoué*.

J.-M. POULAIN CORBION, *Avocat*.

Saint-Brieuc. — Imp. Guyon Francisque.

www.ingramcontent.com/pod-product-compliance
Lightning Source LLC
Chambersburg PA
CBHW050545210326
41520CB00012B/2721